佐々木常夫

Tsuneo Sasaki

君から、動け。

渋沢栄一に学ぶ「働く」とは何か

幻冬舎

君から、動け。

渋沢栄一に学ぶ「働く」とは何か

はじめに

新一万円札の顔として、二〇二一年NHK大河ドラマの主人公として、にわかに注目を浴びつつある明治の実業家・渋沢栄一。

近代日本の経済の礎《いしずえ》を築いた、「日本の資本主義の父」とも称される偉大な人物ですが、**「渋沢栄一って誰？」「名前は知っているけれど、何をした人かよくわからない」**という人が多いのではないでしょうか。

これは、非常にもったいないことです。

私は若い頃に渋沢の言葉や思想を知り、感銘を受け、それ以降人生の舵を取る際の羅針盤としてきました。

私は歴史の専門家ではありません。そして渋沢栄一研究の専門家でもありません。

しかし、**ビジネスマンとして働いていく、生きていく中でどう渋沢の言葉や思想を役立ててゆけばよいのか**については、少しお伝えできることがあると思い、筆を執らせていただきました。

渋沢は明治維新直後、民部省（今で言う財務省）に出仕して税制をはじめとする様々な制度改革の実務に当たり、近代日本の土台作りを進めました。大蔵省（一八七一年民部省を吸収）を辞した後は、**日本で初めて銀行を設立**し、様々な株式会社を興して**五百以上もの企業の創立と経営**に携《たずさ》わりました。

また、「**士魂商才**」すなわち「**武士道の精神と商売の才覚を併せ持つ**」という考えでそれまでは卑《いや》しいとされてきた商人の地位を向上させ日本の商工業を飛躍的に発展させ、明治の日本経済を見事に軌道に乗せました。

鎖国によって世界に後《おく》れをとっていた日本が、諸外国と伍して国力を伸ばすことができたのも、この渋沢がいたからと言っても過言ではありません。

いわば渋沢は、維新後の混迷する日本を成長に導いた最大の功労者なのです。

私が渋沢を知ったのは三十代の時。

何よりまず衝撃を受けたのは、**経済の世界に『論語』の思想を持ち込んだ、**ということでした。

資本主義の中心にあるのは「**欲の塊**」です。その欲のおもむくまま資本主義が暴走したら大変なことになる、人間の欲望に根ざした厄介な制度です。渋沢はこれを律するための軸を『論語』で形成しようと思いつき、「**一生を論語で貫いてみせる**」と言い切りました。私はこの渋沢の慧眼《けいがん》に、思わず膝を打ったのです。

しかも、渋沢は「**学ぶ力**」が驚くほど旺盛です。自らの経験や知見にとらわれることなく、出会う人や出来事から柔軟に学び、最も賢いやり方を選び取っていく。目標を達成するために、固定観念を捨てて、人並外れた好奇心を武器に新たなものをぐんぐん吸収していく。

この類稀《たぐいまれ》な吸収力、柔軟に学ぶ力こそが、激動の時代を乗り切っていく原動力となったのではないか。私はこのことに、深い感銘を覚えたのです。

私は常々「**ビジネスはアートである**」と考えています。

アート作品の価値が杓子定規には測れないように、**経済や経営のあり方も、セオリーではなく環境、資金、人材、技術、規模、業態など組織の持つ様々な要素によって決まる**ものだと思うからです。

すなわち経済もアートも、持っているものをいかに柔軟に生かすかが重要なのですが、こう考えるに至った背景には、渋沢の影響があったと言って間違いありません。

渋沢は、**ビジネスマンとして生きる私に、経済や経営はいかにあるべきかという揺るぎない指針を与えてくれた、唯一無二の師匠**なのです。

しかし、渋沢の人生は決して順風満帆ではありません。むしろ多くの挫折と紆《う》余曲《よきょく》折《せつ》に満ちています。何しろ渋沢が人生の本分である実業家としてスタートしたのは、三十代も半ばを過ぎてから。当時の感覚からすれば、遅きに失した感も否めません。

一体、実業界にたどり着くまでに、渋沢はどんな人生を歩んだのか。

本文に入る前に、渋沢の半生を駆け足で紹介しましょう。

一八四〇年（天保十一年）、渋沢は埼玉県深谷市にある血洗島《ちあらいじま》の農家に生まれます。生家は畑作のほか養蚕や藍玉の製造・販売も手がける豪農で、渋沢は商売を手伝う傍ら、教育熱心な父親の勧めで読み書きを習い、向学心旺盛な青年に成長します。教養と商才を育《はぐく》み、立派な跡取りになることを期待されていたのです。

しかし、渋沢は農家の跡を継ぐどころか、従兄らの影響を受けて江戸の浪士や志士らと交わり、自ら尊皇攘夷の志士を目指し始めます。

そして、一八六三年（文久三年）。武器と仲間を集め、高崎城を乗っ取り横浜の外国人居留地を焼き払うという大胆な計画を立てますが、時の情勢を知る従兄に止められて決行を断念。深谷にいて嫌疑をかけられてはまずいと考え、故郷を後にして京都へ逃亡します。

翌年、京都にたどり着いた渋沢は、かねてより交流のあった一橋家の重臣平岡円四《えんし》郎《ろう》という人物の紹介で、御三家の一つである一橋家の当主・慶喜に仕えます。

ここで渋沢は武士の身分を得て、人材集めに知恵を絞り、領地の殖産興業や財政改革の提案をするなど、ビジネスマンとしての才気を遺憾なく発揮し始めますが、慶喜が将軍職に就いたことをきっかけにやむなく幕臣の身分を捨てようと考えます。いずれ滅びる幕府に仕えても未来はないと考えたからです。

ところが、ここで渋沢に降って湧いた幸運が訪れます。

一八六七年（慶応三年）、慶喜の弟である昭武《あきたけ》の随員として、フランスへの渡航を命じられたのです。渡仏をきっかけに渋沢はヨーロッパの国々を巡り、造幣所や銀行、ガス、下水道、病院、新聞社など様々なものを視察し、株式や公債など金融に関する知識を次々に仕入れます。

そして、西洋には官尊民卑も商人への蔑視もなく政治と経済が対等であるということに感銘を受け「ぜひ、これを日本に持ち帰りたい」と考えますが、翌年、急遽帰国命令が下ります。

大政奉還によって、幕府がなくなってしまったのです。

失意の中で帰国した渋沢は、主君慶喜のいる静岡で日本初の株式会社の前身となる「商法会所」を起こしますが、一八六九年（明治二年）、新政府より仕官するよう通達が来ます。

右も左もわからない新政府で働くことに抵抗を感じた渋沢でしたが、当時民部省を仕切っていた大隈重信の熱心な説得により着任を決意。貨幣制度や税制、郵便制度の改革、度量衡の改正の他、新事業立ち上げに取り組むなど、近代日本の土台作りに邁進します。

しかし、一八七三年（明治六年）、渋沢は大蔵省を辞めることを決意します。大蔵大臣でありながら財政にうとく、歳入出も考えずに軍費の予算拡大をはかろうとする大久保利通と意見が合わなかったことから、役人としてではなく一民間人として日本経済に尽力する道を選ぶことにしたのです。こうして渋沢は、思いを同じくしていた上司の井上馨《かおる》とともに辞表を提出し、官僚の世界を後にします。

そして同年、大蔵省時代より取り組んでいた日本初となる第一国立銀行の総監役に就任、以後銀行をはじめとする様々な組織を立ち上げ、日本の資本主義の根幹を築いていくことになるのです。

本書では、渋沢の残した言葉や思想の中から、私の心に深く残るものを選び、その言葉の意味や背景を掘りさげつつ、ビジネスの観点から具体的な解説を加えました。

私の体験とあわせて読むことで、渋沢の教えをどう理解すればよいか、どうビジネスの現場に落とし込めばよいか、参考の一つとしていただければと思います。

なお、渋沢の言葉については原典通りではなく、私なりに超訳しています。


経済の停滞や格差拡大が進む中、仕事に対するモチベーションが上がらず、先行きに希望も持てず、これからどう働けばよいか、何をよりどころに生きていけばいいのか——**悩んでいる方々にとって、渋沢の言葉や思想は心強い羅針盤となってくれる、**と確信しています。

私が勇気づけられ励まされた渋沢の言葉が、読者の皆さんの働く一助となれば幸いです。

佐々木常夫

渋沢栄一年譜

西暦	和暦	年齢	主なできごと	日本と世界の動き
1840	天保11年	0	2月13日、現在の埼玉県深谷市血洗島に生まれる。	アヘン戦争勃発
1847	弘化4年	7	従兄尾高惇忠から漢籍を学ぶ。	
1854	安政元年	14	家業の畑作、養蚕、藍問屋業に精励。	
1858	安政5年	18	従妹ちよ（尾高惇忠の妹）と結婚。	日米修好通商条約、安政の大獄
1863	文久3年	23	高崎城乗っ取り、横浜焼き討ちを企てるが、計画を中止し京都に出奔。	井伊大老暗殺（1860）
1864	元治元年	24	一橋慶喜に仕える。	外国艦隊下関を砲撃
1865	慶応元年	25	一橋家歩兵取立御用掛を命ぜられ領内を巡歴。	
1866	慶応2年	26	徳川慶喜、征夷大将軍となり、栄一は幕臣となる。	長州征伐、薩長同盟
1867	慶応3年	27	徳川昭武に従ってフランスへ出立（パリ万博使節団）。	大政奉還、王政復古
1868	明治元年	28	明治維新によりフランスから帰国、静岡で慶喜に面会。	戊辰戦争（1868〜1869）
1869	明治2年	29	静岡藩に「商法会所」設立。 明治政府に仕え、民部省租税正となる。 民部省改正掛掛長を兼ねる。	東京遷都 東京・横浜間に電信開通

西暦	和暦	年齢	主なできごと	日本と世界の動き
1870	明治3年	30	官営富岡製糸場設置主任となる。	平民に苗字使用許可
1871	明治4年	31	紙幣頭となる。『立会略則』発刊。	廃藩置県
1872	明治5年	32	大蔵少輔事務取扱。抄紙会社設立出願。	新橋・横浜間鉄道開通
1873	明治6年	33	大蔵省を辞める。第一国立銀行開業・総監役。抄紙会社創立（後に王子製紙会社・取締役会長）。	国立銀行条例発布 地租改正条例布告
1874	明治7年	34	東京府知事より共有金取締を嘱託される。	
1875	明治8年	35	第一国立銀行頭取。 商法講習所創立。	
1876	明治9年	36	東京会議所会頭。東京府養育院事務長（後に院長）。	三井銀行開業
1877	明治10年	37	択善会創立（後に東京銀行集会所・会長）。 王子西ヶ原に別荘を建てはじめる。	西南戦争
1878	明治11年	38	東京商法会議所創立・会頭（後に東京商業会議所・会頭）。	
1879	明治12年	39	グラント将軍（第18代米国大統領）歓迎会（東京接待委員長）。	
1880	明治13年	40	博愛社創立・社員（後に日本赤十字社・常議員）。	
1882	明治15年	42	ちよ夫人死去。	日本銀行営業開始

1883	明治16年	43	大阪紡績会社工場落成・発起人（後に相談役）。 伊藤兼子と再婚。	鹿鳴館開館式
1884	明治17年	44	日本鉄道会社理事委員（後に取締役）。	華族令制定
1885	明治18年	45	日本郵船会社創立（後に取締役）。 東京養育院院長。 東京瓦斯会社創立（創立委員長、後に取締役会長）。	内閣制度制定
1886	明治19年	46	「竜門社」創立。東京電灯会社設立（後に委員）。	
1887	明治20年	47	日本煉瓦製造会社創立・発起人（後に取締役会長）。 帝国ホテル創立・発起人総代（後に取締役会長）。	
1888	明治21年	48	札幌麦酒会社創立・発起人総代（後に取締役会長）。 東京女学館開校・会計監督（後に館長）。	
1889	明治22年	49	東京石川島造船所創立・委員（後に取締役会長）。	大日本帝国憲法公布
1890	明治23年	50	貴族院議員に任ぜられる。	第一回帝国議会
1891	明治24年	51	東京交換所創立・委員長。	
1892	明治25年	52	東京貯蓄銀行創立・取締役（後に取締役会長）。	日清戦争勃発（1894）
1895	明治28年	55	北越鉄道会社創立・監査役（後に相談役）。	日清講和条約調印
1896	明治29年	56	日本精糖会社創立・取締役。 第一国立銀行が営業満期により第一銀行となる。 引続き頭取。 日本勧業銀行設立委員。	

西暦	和暦	年齢	主なできごと	日本と世界の動き
1897	明治30年	57	澁澤倉庫部開業（後に澁澤倉庫会社・発起人）。	金本位制施行
1900	明治33年	60	日本興業銀行設立委員。男爵を授けられる。	
1901	明治34年	61	日本女子大学校開校・会計監督（後に校長）。東京・飛鳥山邸を本邸とする。	
1902	明治35年	62	兼子夫人同伴で欧米視察。ルーズベルト大統領と会見。	日英同盟協定調印
1904	明治37年	64	風邪をこじらせ長期静養。	日露戦争勃発
1906	明治39年	66	東京電力会社創立・取締役。京阪電気鉄道会社創立・創立委員長（後に相談役）。	鉄道国有法公布
1907	明治40年	67	帝国劇場会社創立・創立委員長（後に取締役会長）。	恐慌、株式暴落
1908	明治41年	68	アメリカ太平洋沿岸実業家一行を招待。	
1909	明治42年	69	多くの企業・団体の役員を辞任。渡米実業団を組織し団長として渡米。タフト大統領と会見。	
1910	明治43年	70	政府諮問機関の生産調査会創立・副会長。	日韓併合
1911	明治44年	71	勲一等に叙せられ瑞宝章を授与される。	
1912	大正元年	72	ニューヨーク日本協会協賛会創立・名誉委員長。帰一協会設立。	

1913	大正2年	73	日本結核予防協会創立・副会頭（後に会頭）。日本実業協会創立・会長。	
1914	大正3年	74	日中経済界の提携のため中国訪問。	第一次世界大戦勃発
1915	大正4年	75	パナマ運河開通博覧会のため渡米。ウイルソン大統領と会見。	
1916	大正5年	76	第一銀行の頭取等を辞め実業界を引退。日米関係委員会が発足・常務委員。	
1917	大正6年	77	日米協会創立・名誉副会長。	事実上の金本位制停止
1918	大正7年	78	渋沢栄一著『徳川慶喜公伝』（竜門社）刊行。	
1919	大正8年	79	協調会創立・副会長。	ヴェルサイユ条約調印
1920	大正9年	80	国際連盟協会創立・会長。子爵を授けられる。	株式暴落（戦後恐慌）
1921	大正10年	81	排日問題善後策を講ずるため渡米。ハーディング大統領と会見。	
1923	大正12年	83	大震災善後会創立・副会長。	関東大震災
1924	大正13年	84	日仏会館開館・理事長。東京女学館・館長。	米国で排日移民法成立
1926	大正15年	86	日本太平洋問題調査会創立・評議員会長。日本放送協会創立・顧問。	

西暦	和暦	年齢	主なできごと	日本と世界の動き
1927	昭和2年	87	日本国際児童親善会創立・会長。 日米親善人形歓迎会を主催。	金融恐慌勃発
1928	昭和3年	88	日本航空輸送会社創立・創立委員長。 日本女子高等商業学校発起人。	
1929	昭和4年	89	中央盲人福祉協会創立・会長。	世界大恐慌はじまる
1930	昭和5年	90	海外植民学校顧問。	金輸出解禁
1931	昭和6年	91	11月11日永眠。	満州事変

（資料提供：公益財団法人渋沢栄一記念財団）

君から、動け。

渋沢栄一に学ぶ「働く」とは何か　目次

第二章　仕事は愉快にやれ

第三章　人には満身の誠意を注げ

第四章 バランスを取れ

第五章　成敗をもって英雄を論ずなかれ

著者写真　齋藤清貴（SCOPE）
装丁　田中和枝（フィールドワーク）
DTP　美創
編集協力　藤原千尋
本文写真提供　渋沢史料館

第一章

「士魂商才」で仕事をせよ

渋沢栄一　七十歳

一
商売は「道徳」を根底に置け

道徳に基づかない経済は長続きしない

渋沢が生きた当時は「士農工商」の時代でした。

士農工商が廃止された明治以降も、「政治をやる武士が一番偉く、売り買いで生計を立てる商人は一番卑しい」とする風潮が色濃く残されました。

商人は金儲けのためなら何でもする。悪どいこともするし平気で嘘もつく。だから商人は卑しい。**商売は人の道にもとる最低の仕事である。**

それが当時の日本人の一般的な考え方だったわけです。

ところが、こうした考えに渋沢は一石を投じます。

商売は本来卑しいものではない。経済活動によって利益を挙げることは、社会に豊かさをもたらすことにほかならないからである。

とはいえ、「自分の利益さえ挙がれば人はどうでもいい」「利益を得るためなら何をしたって構わない」では、いずれ世の中は衰えてしまう。社会のためになる道徳に基づかなければ、経済活動は長続きしない。

したがって商売を行う人間は、商人の才覚だけでなく、世のため人のためという高い志＝武士の精神（武士道）を併せ持たなければならない。

渋沢はこれを「**士魂商才**」と呼び、「**商売は利益を得ることと道徳を守ること、両者をバランスよく保たなければいけない**」と説《と》きました。

「商売は金儲けがすべて」という時代にありながら、渋沢は正反対とも言える「世のため人のため」という道徳を持ち込むことによって、日本の経済活動のあり方を変えていこうとしたのです。

道徳を守ることは利益につながる

渋沢のこの言葉は、一見当たり前に聞こえるかもしれません。あるいは、何か綺麗事のようにも思う人もいるかもしれません。

「そんなこと言ったって、世の中食うか食われるかじゃないか」「上司の口から出るのは数字や利益のことばかり」「道徳を守ったところで売り上げなんか出ない」と言いたくなる人も少なくないでしょう。

事実、儲けばかりを追いかけて、道徳をないがしろにしている職場も数え切れないほどあると思います。

しかしあえて言います。

仕事をする上で「道徳に基づくこと」は大変重要です。この渋沢の教えを実践することが、利益につながることもあるからです。

私が、かつて東レで営業課長をしていた時のことをご紹介しましょう。

東レでは漁業で使う漁網や海苔網の原料を製造し販売していますが、ある時誤って、**指定された強度に満たない原料を出荷してしまった**ことがありました。

しかもミスに気づいたのは、顧客がその原料で製品を作った後でした。

このことを知った私はすぐに現場に飛び、原料の代替品を納めると同時に、出来上がってしまった製品を時価で買い上げました。「あってはならないことをしてしまった。お客様に与える損害を最小限に食い止めなければ」と思ったからです。

すると先方の社長さんはこちらを責めるどころか、大変喜んでこう言いました。

「たいていの担当者はこういう場合、『たいした違いはないから大丈夫』などと言ってミスをごまかそうとする。損害を認めないし誠意も見せない。ところがあなたは素早くミスを認め、精一杯の誠意を見せてくれた」

その上「これを機に東レとの取引を増やしたい」と言って、これまで他の会社に発注していた原料の一部をこちらに切り替えてくれました。

「自分さえよければいい」という考えを引っ込め、「相手のために商いをする」という、**渋沢の説くように「道徳」を最優先にした結果、私の営業成績が伸び、会社の利益も上がることになった**わけです。

この話からもわかるように、道徳に基づいて行動するということは、実は極めてシンプルです。

悪いことをしたら頭を下げる。しのごの言わずにできるだけのことをする。

道徳というと何か特別なことのように思われますが、実は普通のことなのです。

そもそも私もこの時、たいそうに「道徳を守ろう」と思って行動したわけじゃありません。お客様のためを考えて行動したのは事実ですが、何より先に立ったのは「こちらが過ちを犯したのだから、すぐに謝りに行くのは当たり前じゃないか」という思いです。何しろミスをしたのはこちらです。ミスに対して何の代償も払わないというのは絶対におかしい。そんなのは常識中の常識のはずですが、ビジネスの現場ではしばしばこの常識が見失われがちです。

毎日忙しく働いていれば、どうしても目先の利益だけを追うようになります。脊髄反射的に、相手の損より自分の得を考えてしまいます。余裕がないために、道徳から逸脱していることに気づかない人も少なくないかもしれません。

でも、だからこそ常に「道徳」を心に置く。道徳に基づいて即実行していける人になる。このことは、ビジネスにおける大きな強みになるのではないかと思うのです。

取引先のために、お客様のために、そして共に働く仲間のために何ができるか。これを徹底して初めて、本物のビジネスマンになれる。

渋沢の説く「士魂商才」の実践は、我々ビジネスマンにとって何より重要であると言えるのではないでしょうか。

道徳は自分を幸せにするエンジン

商売では、こちらの利益が相手の損になるというケースも多々あります。「相手のため」とは言えない価格交渉を余儀なくされることもあります。

例えば、私が営業課長をしていた頃、東レの製品は他と比べて少々高いと言われていました。しかし「取引先のためだから」と価格を下げるわけにはいきません。世のため人のためだからと採算を度外視すればこちらが損をしてしまいます。

これでは商売は成り立ちません。

そこで「**価格以外で何か貢献できるアイディアはないか**」と知恵を絞った結果、相手の希望する技術を提供したり、商品開発のお手伝いをするという方法を思いつきました。取引先の希望する品種を作ってみたり、こちらの技術者と共同開発するといった付加価値を先方に提案したのです。

すると、「こういう付加価値をつけてくれるのはありがたい」となって受注量が増え、課の業績をグッと伸ばすことができました。こうした努力が功を奏し、私が率いた二年間、営業課は繊維部門中最も高い利益を出すことができたのです。

業績が伸びると、当然会社は喜びます。社内で共に働く仲間も喜びます。付加価値を得られた取引先も喜びます。さらに良い商品を提供できれば、お買い上げいただくお客様が喜ぶことにもつながります。

こうしてみんなが喜んで幸せになれば、当然私自身も嬉しい。**業績を上げた喜びの何倍もの幸せがやってきます。**

すべては「道徳」に基づいてこその恩恵です。

つまり、**道徳というのは守らなければならない厳しいものではなく、自分自身に幸せをもたらすエンジンと言える**わけです。

ちなみに「相手のため」にできることがあるのは、職場だけとは限りません。

当時漁網の取引を通じて親しくなった、金沢にある製網会社の社長さんから、「部下の幹部候補生を教育してほしい」と頼まれたことがあります。

仕事ではなく個人としての相談でしたが、私は二つ返事でお引き受けし、何度か金沢に足を運びました。

もちろん本来の業務もあるわけですから少々の負担ではありました。

ですが、引き受けた理由は、「ここで恩を売っておくと後々、得になる」とか「断って仕事に支障が出たら困るなぁ」といった打算からではありません。「社長さんやその会社の社員が喜んでくれるなら、そのくらいお安いご用だ」と思ったからです。

それから何年か後、その社長さんから一本の電話が入りました。「**自分は癌《がん》でもう余命いくばくもない。死ぬ前に一度あなたにお会いしたい**」と言うのです。

数日後、彼は奥さんと一緒に我が家を訪れ、夜を徹して私と語り明かし、「これでもう思い残すことはない」と言ってお帰りになり、この半年後に天に召されました。

この出来事は、私にとってかけがえのない経験です。

実績だの肩書きだのでは測れない、「信頼」という名の人生の宝です。

こんな幸せな体験ができたのも、道徳というエンジンがあればこそと思えてならないのです。

二

心に「働く軸」を持て

私は『論語』で一生を貫いてみせる

渋沢は、「士魂商才」を養うためのお手本として一冊の書物を挙げます。中国春秋時代の思想家・孔子が説いた『論語』です。

説明するまでもないかもしれませんが、『論語』は儒教の教えをまとめたものです。「吾十有五にして学に志す、三十にして立つ、四十にして惑わず……」「過ぎたるは猶《なお》及ばざるが如し」「故《ふる》きを温めて新しきを知る」などの一節が有名ですね。

『論語』はいわば道徳の教科書。ですから、「士魂」を養うお手本にするのはうなずけますが、なんと渋沢は**「商才」も『論語』で養える**と考えます。

例えば、『論語』の中に、

「**富と貴きは、これ人の欲するところなり。その道を以てこれを得ざれば、処《お》らざるなり（誰もが富と地位を欲しがるが、正しい道理を経て得たものでなければ安住することはできない）**」

という言葉があります。

これは従来、「人の道に背いてまで富を得たいと思ってはいけない。そんなことをするくらいなら貧乏なままの方がいい」という清貧を勧める教えだとされてきました。

しかし、渋沢はこれに別の解釈を与えます。

「道に外れた富でなければ進んで得ても構わない。道に外れていない富なら、孔子も進んで得たということだ」と言い換えたのです。

こんな具合に、渋沢は『論語』をとことん読み込み、金銭を蔑《さげす》み清貧をよしとする解釈を覆していきます。その結果、「『論語』は金銭を蔑んでなどいない。『論語』と算盤《そろばん》は一致するんだ！」との結論に至ります。

こうして生まれたのが大ベストセラーのタイトルともなった「**論語と算盤**」というキャッチコピーだったわけです。

勤勉実直で子煩悩な父

それにしても、なぜ『論語』だったのでしょう。

道徳の教科書として読まれていたものを、商売の手本にもできると閃《ひらめ》いたのはなぜなのか。

その答えの糸口を探るために、渋沢の生い立ちを振り返ってみたいと思います。

渋沢は一八四〇年（天保十一年）、埼玉県深谷市の農家に生まれました。

農家と言っても、**名字帯刀を許された富農で、渋沢の父・市郎右衛門《いちろうえもん》は農業以外に養蚕や藍栽培を行い自ら販売も手掛けるなど、農業ビジネスを生業としていました。**

しかし、市郎右衛門はお金にがめつい商売人ではありませんでした。物欲が薄く人情に厚い働き者で、勤勉実直を絵に描いたような人だったといいます。

その上『四書五経』を読み、漢詩や俳諧をたしなむ文化人で、子どものしつけや教育にも大変熱心でした。幼い渋沢に学問の大切さを説き、本を読むことを勧めたのも市郎右衛門でした。

父の教えを素直に実践した**渋沢は、なんと七歳になる頃にはすでに『論語』を読んでいた**といいます。まさか七歳の少年が『論語』をすんなり理解したとは思えませんが、幼くして『論語』を与えられたこと、商売人でありながら学問の大切さを教えた市郎右衛門の薫陶が、渋沢のその後の人生に大きな影響を与えたことは容易に想像できます。

また、渋沢には父・市郎右衛門以外にもう一人、大きな影響を受けた人物がいました。**十歳年上の従兄・尾高新五郎**です。

新五郎は漢学者で、書道もやるし文学もわかる、おまけに剣術の心得もあるという文武両道に優れた秀才で、渋沢にとっては憧れの存在でした。市郎右衛門の勧めで渋沢は幼い頃から新五郎に師事しますが、何より渋沢が影響を受けたのは、倒幕によって世の中を変えようと志す新五郎の思想でした。

一八五三年（嘉永六年）、渋沢十三歳の夏。ペリー提督率いる黒船が浦賀にやってきました。

下田や函館にも黒船が訪れ、日米和親条約が結ばれ、幕府は開国へと舵を切り始めます。やがて国内では開国派と攘夷派が対立し始め、尊皇攘夷派の急先鋒である吉田松陰らが刑に処される「安政の大獄」事件が起こるなど、時代は激動の幕末、明治維新へと突き進んでいきました。

そんな時代に多感な十代を迎えた渋沢も、憧れの先輩・新五郎に導かれて勤皇の志士を志し、遊学のために江戸へ出かけては、志を同じくする仲間と交流を始めました。**若き日の渋沢は、商売などよりむしろ政治の世界に強い関心を持っていた**わけです。

こうして仲間を集め、着々と武器の調達を進めた二十代の**渋沢は、新五郎を総大将に高崎城の乗っ取りを企てます。そして、その勢いに乗じて横浜の街を焼き払い、幕府を倒す、という大胆な計画を立てます。**

しかし、いざ決行の寸前で計画は頓挫します。

京都に偵察に行っていた新五郎の弟・長七郎の報告によって、倒幕の状況が不利であることがわかったからです。しかも運の悪いことに、渋沢は不穏分子として役人に目をつけられてしまいます。

これはまずいと思った渋沢は、従兄の渋沢喜作《きさく》とともに京都へ、逃亡の旅路へと向かいます。

こうして渋沢の最初の志は、儚《はかな》くも潰《つい》えてしまうことになったわけです。

この間、父・市郎右衛門は息子の行動に反対しつつも、辛抱強く見守ります。「迷惑をかけてはいけないから勘当してください」と渋沢が申し出ても、「私のことは心配しなくていい。我が道を行きなさい」と背中を押してやります。

倒幕などと大それた計画を立てた息子を黙って見守るのは、並大抵の親心ではありません。机上で学んだだけでなく、**懐深く心優しい子煩悩な父の存在があったからこそ、渋沢は『論語』の説く道徳を肌で理解することができた**のかもしれません。

ちなみに、渋沢が商売と『論語』を結びつけた背景の一つに、後年フランスに渡ったことも挙げられますが、渋沢の渡仏については次章でお話しすることにします。

心に「働く軸」を持たなければ、人は堕落する

渋沢と『論語』の関係から、つくづく思うことがあります。

それは、**心に「働く意義の軸」を持つ人は本当に強い**ということです。

多くの成功者や権力者は、必ずと言っていいくらい堕落していきます。どれほど有能で志が高くても、権力の座に就くとほぼ十年で身勝手な振る舞いをし始めます。

よく**「権腐十年」と言いますが、権力は人を腐らせる**のです。

例えば、日産の会長だったカルロス・ゴーン。彼は日本にやってきた当初は、大変

優れたビジネスマンでした。日産の人材を使い、若手の課長を集めてリバイバルプランを作らせて実行し、経営不振に陥っていた日産を見事復活させました。

ところが、月日が経つうちにやがて変わっていってしまった。私利私欲の塊のような人物になってしまった。権腐十年の典型です。

私がかつて仕えていた社長も、社長の椅子に就いた時はそうではなかったのですが長く社長をしているうちに、変質していきました。親分肌で、仕事のできる切れ者で、何より会社のためを思う理想的なビジネスマンだったのに、社長になってしばらくすると、会社のためより自分の主義主張や立場を守るようになっていきました。

会社の業績を伸ばすことより、自分の意見を押し通すことを優先する。イエスマンだけを集めて、自分の思い通りの経営をする。残念ながら私が心から尊敬していた人も、権力を持ったがために腐ってしまったと言わざるをえないわけです。

では、**どうして渋沢は権腐十年に陥らなかったのか**。何十年も、そしていくつもの組織のトップを務めながら、なぜ私利私欲に走らなかったのか。

その答えは、ほかでもない『論語』があったから。

心に『論語』という「人のあるべき軸」があったから道を踏み外さずに済んだのだと思うのです。

それも、ただ読んで頭で理解していたのではなく、渋沢は体で理解して行動するということをやってのけました。迷った時は常に『論語』に立ち返り、『論語』に則《のっと》って行動する。そんな働く上での軸、自らの確たるバイブルを持っていたことが、渋沢を類稀《たぐいまれ》なるリーダーへと押し上げたのではないでしょうか。

優秀なビジネスマン、あるいは経営者になるために、『論語』をはじめとする様々な哲学書を読む人は大勢いると思います。経営哲学の本や自己啓発書を何冊も読んできたという人もいるでしょう。

でも、**何をどれほど読んでも「軸」にならなければ無意味**です。「ここから外れないようにしよう。何かあったらここに戻ってくればいい」と思える**自分の軸を摑《つか》み取ることが、優れたビジネスマンになる必須条件**なのです。

三　災いは得意な時に兆し、名声は苦悩から生まれる

挫折続きの青年時代

渋沢は『論語と算盤』の中で、次のようなことを語っています。

「トラブルや揉め事というのは、自分が得意になっている時に起きる。人はうまくいっている時、調子に乗りやすい。心に隙が生まれやすい。災《わざわ》いは、この隙をついて入り込む。だから調子がいい時も気を緩めないよう心がけなければいけない。一方、何か大変なことがある時、人は細心の注意を払い、覚悟を持って、心を引き締めて物事に取り組む。この心がけが名声をもたらすのだ」

うまくいってるからって調子に乗るなよ。絶好調の時ほど気を引き締めてかからないと足をすくわれるぞ。というわけですが、この言葉の背景には、渋沢自身が味わった度重なる挫折経験があるのではないかと思います。

まず一つ目の挫折は、前項でも述べた倒幕計画です。

数年を費やして準備してきたのに、一夜にして計画が水泡に帰しただけではなく、役人に睨《にら》まれて故郷を追われる羽目になってしまった。「絶対にうまくいく！」と前のめりになっていたところを、バッサリとやられてしまったわけです。

このあと渋沢は身を隠すために京都に逃げますが、道中思い立って、かつて江戸を訪れた際に出会った平岡円四郎という人を訪ねます。平岡は若き渋沢の才気を高く買い、「うちの家来にならないか」と目をかけてくれていた人です。

と言っても、平岡は一橋慶喜の御用人です。倒幕を目論む渋沢にとってはいわば敵方の人間でしたが、渋沢は背に腹は代えられないと腹をくくり、平岡に家来にしてもらうよう願い出ます。

窮地をしのぐため、敵方の懐に飛び込むという離れ業に出たわけですが、渋沢は倒幕を諦めたわけではありません。「一橋家は水戸家につながる尊皇のお家柄。ということは、ここで仕えていれば倒幕のチャンスがやってくるかもしれない」と考えたのです。

苦悩の中にあって細心の注意を払い、気を引き締めて臨んだ結果、新たな道を切り開いた渋沢。

しかし、やがて二度目の挫折を味わうことになります。倒幕のボスにと期待していた慶喜が、幕府の将軍になることになってしまったのです。

幕府を倒すはずの自分が、あろうことか幕府の人間になってしまうとは……。

失意のどん底に突き落とされた渋沢でしたが、ここからまた次のチャンスが訪れます。慶喜の弟・昭武のお供としてフランスのパリ博覧会行きを命じられたのです。「世界を見るまたとないチャンスだ」と考えた渋沢は意気揚々とパリへ渡り、様々な知識を吸収します。日本の資本主義を花開かせる多くの経験を積むことになるのですが、ここでまたもや三度目の挫折が。

フランス滞在中に幕府が倒れ、天皇を中心とする新政府が生まれたために、渋沢は元幕臣として朝敵の扱いを受けることとなってしまったのです。

このように渋沢は次々と不運に見舞われますが、「日本を良くしたい」という高い志を持ち続けたことによって、新たな生き方を与えられます。

大蔵省の高官であった大隈重信から民部省の役人に命じられ、明治政府の一員となって本格的に国作りに携わっていく道を歩むことになるのです。

「環境の変化に対応できる人」が一番強い

こうして見ると、渋沢の人生は挫折続きです。

「かの渋沢も挫折と再起を繰り返したのか」と思うと親しみを覚えなくもありませんが、渋沢のすごいところは、**うまくいかなくても自暴自棄にならず、その局面で柔軟に方向を変え、失敗を次のチャンスに生かしていく**ところでしょう。

多くの人は、努力して積み重ねたものが報われないと、やけくそになりがちです。仕事のできる人ほど落胆して、「もうどうでもいいや」となってしまいます。

能力の高さが災いして、なかなか考えを切り替えられないのです。

もっとも、何年もかけて積み上げたものが失われることほど辛いことはありません。

がんばればがんばるほど、そのショックが大きいのもよくわかります。

実際私も、辛い出世競争によって得た取締役を、わずか二年で外され子会社への左遷を言い渡された時は、ひどく落ち込みました。「ビジネスマン人生は終わった」とお通夜のような顔で毎日を過ごしていました。

私は三十九歳で課長に昇進して以後、肝臓病とうつ病を患う妻の看病と、自閉症の長男をはじめとする三人の子どもたちの世話をしながら、会社のトップになることを目指して仕事に邁進しました。

「東レを強い会社にしたい」という信念のもと、家事・育児・看病をしつつ出世も勝ち取るために猛烈に働きましたが、今思えば、念願かなって取締役に就いた時、**私の中に「自分は何を言っても許される」という慢心が芽生えていたのでしょう。**

会社のためにならないと考えて呈した苦言がトップの不興を買い、左遷されることになってしまったのです。

おまけに、ちょうど同じ頃妻が手首を切って自殺未遂をはかり、生死の境をさまよう事件が起きました。妻はそれまでも何度か自殺未遂を繰り返していましたが、私の多忙に比例して容態が悪化し、最悪の事態に及んでしまったのです。

幸い妻は一命を取り留めましたが、さすがの私も失意のどん底です。「どうして自分がこんな目に遭うんだろう」と深く苦悩しました。

でも、左遷はある意味自分が招いたこと。取締役という地位を得て得意になったがために起きた災いとも言えます。

「身から出たサビなら仕方ない。妻の命は助かったし、左遷のおかげで時間もできた。もうクヨクヨするのはやめて、これからのことはこれからのこと」と気持ちを切り替えたのです。

するとこの直後、とある雑誌で私の仕事や家族のことが取り上げられ、その記事をきっかけに出版社から原稿依頼のオファーが入りました。

仕事術、働き方、経営……これまで自分がしてきたこと、考えてきたことをテーマに次々書いていくうちにベストセラーが生まれ、東レにいた頃には想像もしなかったようなフィールドでビジネスをすることになりました。

結局私は、**左遷によって、サラリーマンとして働く以上の幸せな新たな人生を手に**

できたわけです。

こうして見ると、**重要なのは自分の定めたゴールを頑《かたく》なに追うことではなく、その時の状況に応じて臨機応変に身の処しどころを替えながら、より良い方向へと自分を導いていくということ**なのかもしれません。

科学者のダーウィンは、

「**最も強い者が生き残るのではない。最も賢い者が生き延びるのでもない。唯一生き残るのは変化できる者である**」

と言っていますが、渋沢もまたこの言葉通り、状況に柔軟に適応したからこそ、のちの偉業を達成したと言えるでしょう。

挫折は無駄ではない

それともう一つ、四十四頁の渋沢の言葉には「何があってもむやみに落ち込まなくていい。人生、調子に乗る時もあれば不遇の時もある。腐るなよ」という励ましの意味も込められているように思えます。

人間生きていれば調子にも乗る。うまくいかない時もある。でも、「自分はもっと成長するんだ」という気持ちがあれば必ず伸びていく。渋沢はこの言葉を自分自身に、常に言い聞かせていたのではないかと思えるのです。

事実、**渋沢が大蔵省勤務を経て実業界で生きることを決意したのは三十代のこと**です。自分の天職に気づいてたどり着くまでに、相当の時間がかかっています。「後れをとった」と嘆きたくなるのも無理はありません。

しかしこの「後れ」こそが、次々と会社を起こす原動力になったと私は考えます。銀行に始まり、造船、紡績、製紙、電気・ガスと、渋沢は短期間のうちに後の日本を担う主要企業を立ち上げていきますが、これほどのスピードで成し遂げられたのも、「出遅れてしまった」という焦《あせ》りがあったからと言えるのではないでしょうか。

逆に言えば、渋沢が順風満帆に生きて早々に実業界に入っていたら、挫折を知らずにのんびりやっていたら、こんなに確実にスピーディーに組織作りを進めることはできなかったかもしれません。そう思うと、**紆余曲折することは無駄どころか、必要なことだった**と言えなくもないかもしれません。

四

一人で儲けるな

「一人の大きな力」より「たくさんの小さな力」

渋沢の大きな功績の一つに、「**合本《がっぽん》主義**」があります。

合本主義とは、「**公益追求のために資本と人を集め、事業を推進させるという考え方**」のこと。渋沢はこの合本主義に基づいて、五百以上もの「合本組織」を次々に立ち上げますが、これらの合本組織はやがて日本を代表する企業へと成長していきます。

みずほ銀行、東京海上日動火災、王子製紙、日本郵船、東洋紡、アサヒビール、日本経済新聞社……など、私たちがよく知るこれらの会社も、渋沢の尽力によって生まれました。

つまり渋沢は、**現代の「株式会社」を日本に初めて取り入れた人**なのです。

ではなぜ渋沢は、合本組織（株式会社）を作ろうと考えたのか。

当時の日本では、商売といえば三井、三菱のような大資本家が営み、富を独占するのが当たり前。小さな商工業者がいくら努力しても、儲けを増やすことなどとてもできませんでした。

しかし、それではいつまでたっても多くの人々は貧しいまま。日本そのものも貧しいまま。国を豊かにするには、富が一部の金持ちに集中するのではなく、多くの人が経済活動に参加できる機会を作り、社会全体がお金を稼げる仕組みを作らなくてはいけない。

そう考えた渋沢は、パリで学んだ「**共力合本法(個々人からお金を集めて事業の元手にすること)**」をもとに、合本組織作りに乗り出したのです。

ただし組織を作ると言っても、渋沢自身が経営するわけではありません。**会社の立ち上げを呼びかけたり、経営がうまくいくよう手助けするなど自分は黒子に徹し**、会社運営そのものは基本、別の人間に任せました。

また渋沢は、実行力のみならず、協調性がありパートナーシップを大事にする人材を経営者に選ぶことによって、多様性のある強い組織作りを目指しました。

渋沢が多くの組織をスピーディーに立ち上げ、なおかつ今日まで存続する底力のある企業をいくつも育て上げることができたのは、一人の人間が支配的に物事を進めるより、チームワークを築いて他人と協働した方が、より効率的に事業を推進できることをいち早く理解していたからと言えるでしょう。

一人だけが儲けるより、みんなが得した方が全体が潤う。

一人でやるより、大勢の力を生かした方が高いパフォーマンスが発揮できる。

渋沢の合本主義の功績は、これらを如実に物語っているように思えます。

「維新のカリスマ」は反面教師

渋沢は合本組織だけでなく、東京商法会議所（後の東京商工会議所）も立ち上げました。商工業が活性化するには、商工業者らが互いに知恵を出し合い、議論し合い、意見を取りまとめる場が必要だと考えたのです。

——誰か一人の独断専行ではダメだ。議論を尽くさなければより良い結論は得られない。これからの時代は戦いではなく話し合いで物事を決めるべき。戦いは有望な人材を失うだけで百害あって一利なし——。

おそらく渋沢はそう確信したのでしょう。

——幕府には有能な人材が大勢いた。しかしそうした人材の力を生かし切れなかったせいで倒れることになった。明治政府にしてもそうだ。江藤新平や西郷隆盛ら優れた人物がいたにもかかわらず、能力を生かし切ることなく散っていった。こんなバカなことってあるか——。

渋沢は幕末・維新の顚末を目《ま》の当たりにして、独断専行や野蛮なやり方の害悪を心に刻みつけたわけです。

渋沢は江藤について「腕力に訴えてでも自分の意見を押し通す残忍な性格」と語っていますが、一方で苦学して頭角を現した能力をリスペクトし、佐賀の乱に失敗して極刑に処されたことを嘆いていました。

西郷隆盛に至っては何度か交流もあり、「仁愛が深い」と人柄も高く評価していましたが、「仲間に対する仁愛が深すぎるがゆえに西南戦争に至った」と悔やんでいます。

ちなみに大久保利通は、渋沢によれば「**何を考えているかわからない。君子の器とは思えない人**」と辛辣《しんらつ》。強引さと粘り強さで明治政府を牽引してきたことは確かですが、急進的なやり方が仇となり、志半ばにして不満分子に惨殺されてしまいます。

このように、当時は気に入らなければ争う、殺すが日常茶飯事。日本の未来を担っていくであろう貴重な才能が簡単に失われてしまいます。実際、木戸孝允（西郷討伐の戦陣に立つことを願いながら病死）を含む西郷・大久保の「維新の三傑」は、一年の内に露と消えてしまいました。

渋沢はこの嘆かわしい事態を憂えつつも冷静に観察し、**維新のカリスマらの顚末を反面教師としながら、話し合いによる平和的かつ効率的な組織運営を身につけていったというわけです。**

「小さな衆議」が結果を出す

独断専行より衆議を重んじるという渋沢の考えは、より良い結果を出していく上で大変重要です。必要不可欠です。

私自身も、そのことを身をもって経験してきました。

例えば私が東レのプラスチック事業部にいた時、プラスチックのグローバリゼーションを目的に海外工場の増設を提案し実行したことがあります。

インドネシアを皮切りにマレーシア、アメリカ、中国と、たった三年間で十二もの工場を作りました。

当時、東レでは事業展開といえばまずは内需を中心とするのが大半でしたが、「海外でも旺盛な需要はある。今のうちに作っておけば世界でのシェアを拡大できる」と考えて、大規模な海外展開を試みたのです。

設備投資には当然莫大な資金がかかりましたから、周囲からは「大丈夫なのか」と不安の声もありましたが、現地での入念な調査や徹底した予算管理が功を奏し、プラスチック事業は海外でのシェアを大幅に伸ばすことができました。

また、営業部門の漁網と釣り糸の原料を販売する部署の課長になった時、苦戦している釣り糸のシェアを上げるため、製品の流通経路を変えることを提案しました。当時の販売経路は「東レ↓販売元↓問屋↓小売店」と多くの段階を経ていました。そのせいで流通経費が高くなり、売り上げが伸び悩んでいたのです。

そこで私は販売元を一つにまとめて新会社を設立し、そこから小売店へ直接販売すべきだと考えました。社外はもちろん社内からも反対意見が出ましたが、サプライチェーンを短縮するメリットを説明し、反対者を納得させる様々な方策を実行して流通改革をやり遂げ、釣り糸のシェアを大幅に改善することができたのです。

こうした業績を挙げることができたのも、実は衆議を重ねた結果です。

私一人の力ではなく、部署の仲間たちの力を結集したからにほかなりません。

部下の中には私より鋭い視点を持った者もいます。情報収集に優れた者もいます。

「こんなことを考えているんだけど、どう思う?」「もっとうまいやり方はないかな?」などと相談することによってそれぞれの力を生かすことを心がけたからこそ、大きな目標を達成することができたのです。

ちなみに私の考える衆議のコツは、

「**少人数・短時間・こまめに会話すること**」

です。

何かわからないことがあったら、関係者を四人くらいすぐに集めて意見を出し合い、五、六分から十五分程度で結論を出す。だらだら長い会議だとみな嫌がりますが、結論がすぐ出る素早い会議なら前向きに参加してくれます。

結果を出すための話し合いは、重厚長大な会議より小さくまとまりのある衆議を重ねるのが大事なのです。

海外事業の展開にしても流通改革にしても、本音を言えば、私自身もわからないことだらけでした。「やろう！」と提案したものの、「どうしたらいいかなあ」と不安に思うことも少なくはありませんでした。最後まで自信を持ってやり遂げられたのは、「どうしたらいいだろうか」とみんなに相談できたから。衆議あればこそやれたのです。

きっと、渋沢も同じだったのではないかと思います。

多少なりとも志があるとはいえ、一介の農民のせがれである自分がここまでやってこられたのは、忌《き》憚《たん》なく意見を述べ合える仲間がいればこそ。

ある意味**カリスマとは正反対の生き方が、日本に資本主義社会の盤石の礎を築いた**のではないでしょうか。

五

争いは「はなはだ必要」と心得よ

海運王・岩崎弥太郎との真っ向対決

「物事は争いではなく話し合いで進めるべき」と確信した渋沢ですが、一方で「何がなんでも争いをなくせとは言わない。むしろ、**世の中を渡っていく上で争いは、はなはだ必要である**」とも述べています。

「商工業も学術も外交も、常に外国と争って必ず勝ってみせるという意気込みがなければならない。敵と争って勝つという気概がなければ成長も進歩もできない。競争は成長や進歩の母である」

温厚な性格で知られた渋沢ですが、経済活動を活性化させるには競争は避けて通れないと考えていたわけです。

実際渋沢は、三菱グループの創業者・岩崎弥太郎と、商売のあり方をめぐって激しく火花を散らします。

岩崎弥太郎は、明治維新で活躍した土佐出身の経済人です。半農半士の貧しい家に生まれながら、恵まれた学問環境の中で英気を養い、幕末の動乱に揉まれながら商業の道を目指します。

そして坂本龍馬との出会いを経て三菱商会を設立、やがて海運業で大成功を収め「**東洋の海上王**」の異名をとるまでになります。

岩崎と渋沢は、明治の日本経済を支えた両雄と言っても過言ではありません。

ただし、商売に対する二人の価値観はまるで逆でした。衆議を重んじ、合本主義を唱える渋沢に対し、岩崎は「事業は自分一人がやるに限る」「人を寄せ集めても理屈ばかりで成果は出ない」と真正面から異論を唱えたのです。

渋沢の能力を高く買っていた岩崎は、渋沢に接近して手を組もうと誘いますが、渋沢は毅然《きぜん》として「ノー」を突きつけます。商人としての手腕は認めるものの、独裁的な経営をよしとし、同業者を倒して海運を独占しようとする岩崎のやり方を、渋沢はどうしても受け入れることができなかったのです。

その後、両者の間で海運業をめぐって熾烈《しれつ》な争いが起こります。

渋沢は志を同じくする仲間とともに海運会社を設立し、手段を選ばない三菱に対抗しました。三菱も負けじと、料金値下げや燃費を無視した最速航行など客を奪い取るための強硬手段に出ます。

合本主義と専制主義、どちらに軍配が上がるかという戦いが繰り広げられたわけです。

結局、この戦いは岩崎弥太郎の病死をきっかけに終止符が打たれました。

そして弥太郎の跡を継いだ弟の弥之助と、渋沢らの共同海運会社の間に政府が立ち、両者を合併して日本郵船株式会社が生まれます。

これを機に渋沢と岩崎家は仲直りし、やがて親交を持つことになりますが、ある時弥之助が渋沢を訪ね、こんなことを言います。

「合併してできた日本郵船なのに、世間の人々はまだ岩崎家の事業だと思っている。不本意だから、ぜひあなたに日本郵船の重役になってほしい」

渋沢はこの申し出を快く受け入れ、日本郵船の取締役となります。こうして両者の戦いは引き分けという結果で終わりました。

しかし、従来の一社独占に一石を投じたという意味では、渋沢の合本主義に軍配が上がったと言えるかもしれません。

外商の不当な商法に結束で立ち向かう

渋沢は、外国の商人ともひるまず戦いました。

開港後の横浜で、日本の重要な輸出品である生糸が、外商らによって不当に買い叩かれるという事態に直面した時のことです。

外商たちは商品を受け取っておきながらすぐに代金を支払わず、預かり証も出さず、値が下がると「これは欠陥品だ」と言いがかりをつけて、安価な値段でしか買い取らないという不公平な取引を押し付けていました。

これを知った渋沢は一計を案じます。みんながバラバラにやっていても事態は改善しない。まずは結束して組織を作る。そしてこちらが検品・計量した商品を代金引換で売る。不当な取引には応じないなどのルールを作り、外商らに突きつけたのです。

これに対し外商側は猛烈に抗議し、あの手この手で日本側に揺さぶりをかけますが、渋沢の政府を巻き込んでの粘り強い交渉が成功し、日本側の要求をのんだ形で取引が行われるに至ります。

渋沢は横暴な相手に知略で挑み、不公平極まりない貿易に見事「待った」をかけたのです。

渋沢は競争というものについて、**「良い競争」と「悪い競争」がある**と言います。努力して勉強して、他人に打ち勝つのは良い競争。妨害によって成果を横取りするのは悪い競争。**商人は良い競争に努め、悪い競争を避けなければならない。さもないと、勝っても負けても損をすることになる**、と言うのです。

事実、外商らは横暴な取引を強いたせいで、生糸の貿易を滞らせることになりました。商売上の信頼も損なうことになりました。悪い競争を仕掛けたために、自ら損を被ることになったわけです。

では、自ら悪い競争に手を染めないためにはどうすればいいか。

渋沢曰く、その答えは「**強い意志を持って、自己開発に努めること**」。

人を陥れることを考える暇があったら、勉強して自分の能力を高めることを考えなさい。渋沢は、私たちにそう教えているのです。

競争に勝つコツは「誠意」「笑顔」「朗らかさ」

私自身は、本来他人との争いや競争を好むタイプではありません。「あいつより上に行ってやる！」とか「○○だけには負けたくない！」などの闘争心を燃やしたこともほとんどありません。

もちろんビジネスマンですから、同業他社との競争を意識したことはあります。製品開発やコスト競争に勝てるよう切磋琢磨してきましたし、社内では出世競争を勝ち上がる努力もしてきました。

ただ、誰かの足を引っ張るとか、手柄を横取りするとか、人を陥れて自分がのし上がろうと考えることは無益なことと思っていました。幸い、渋沢の言う「悪い競争」とは無縁だったのですが、思えばそれは「そんなことをしても自分の真の充実感にはつながらない」と考えていたからかもしれません。

何しろ、私にとっての出世競争はちょっとしたゲームです。私は「**ビジネスは予測のゲーム**」と思っていました。ゲームと思えば出世の工夫や努力も辛いどころかむしろ楽しく感じられるからです。

入念に調べて、予測して、実行する。予測がドンピシャで当たれば「やった！」ですし、外れたらどこが悪かったか反省して次なるチャレンジに備えます。ビジネスマンにとっての競争は、こんなふうにゲーム感覚で構えずにやるのがちょうどいいのではないでしょうか。

例えば私は東レにいた時、**毎年手帳に、各部門のリーダーの名前、入社年度、出身大学などの情報をメモし、どの人がどの地位に就くかを予測し、○△×などの評価も書き入れて、それらを暗記する**ようにしていました。

これももちろんゲーム感覚の一つですが、こういう情報が頭に入っていると、「研究について話をするならあの人だな」「生産について相談するならあの人だな」などの見当がつき、自分の仕事をよりスムーズに進めることができます。

それが結果につながれば、出世の階段を一つ上がることにもなります。

また、私がプラスチック部門の管理部長になった時、同じ部の次長、課長に私の同期がいました。同期が部下というのはものすごくやりにくいものですが、私は**普段か**

ら上司も部下も「さん」付けで呼ぶのを習慣にしていたため、部下になった同期とさほど上下を意識せず、協力的に仕事をすることができました。

たかが名前の呼び方ですが、呼び方はその人の思想を表します。「さん」と言うことは相手を認め尊重することを意味します。そうしたことで気持ちよく働いてもらえれば、組織の結束はより強まります。

出世競争を勝ち上がるには、仕事ができるのはもちろんですが、こうした考え方、そして知恵や工夫が大事です。つまり渋沢の言う「自己開発」が求められるわけです。

ただし、いくら知恵があって計算ができても、「自分さえよければいい」では嫌われます。難しい顔で難しいことばかり言っていても人はついてきません。

競争に勝つには、何があっても前向きで、笑顔と明るさを忘れないことが大事。渋沢の温厚そうな丸い顔も、競争に打ち勝つ一つの武器だったかもしれません。

第二章

仕事は愉快にやれ

向上助成会にて　中外商業新報社（大正13年6月1日）

六

仕事は「趣味」を持って取り組め

「趣味」とは何か？

渋沢は『論語と算盤』の中で、こんなことを述べています。

「自分の務めを果たす時は、単に務めるだけでなく、『趣味』を持って取り組みなさい」

一体これはどういう意味なのでしょうか。

一般的に、仕事と趣味は正反対のものと捉えられています。仕事はお金を稼ぐために真剣にやるもので、趣味は余暇を楽しむために遊びとしてするもの。

この相反する二つを一緒に実行するのは、一見不可能に思えますよね。

しかし、実は渋沢の言う「趣味」とは単なる遊びのことではありません。**目の前の物事に対して、理想や思いを付け加えて実行していく**。それが、「趣味を持って取り組むこと」だと渋沢は言うのです。

「趣味」を持って取り組めば、「ここはこうしたい」「もっとあれをやってみたい」など、自分からやる気を持って仕事に向き合うようになる。お決まりの型通りでない、心のこもった仕事になる。そうすれば、必ず仕事のレベルは上がる。それに見合った成果がもたらされる。

対して「趣味」もなく与えられた仕事をこなすのは、心を持たない人形が働いているのと同じこと。**食べて寝てその日を迎えるだけの肉の塊がそこにあるのと一緒。**そんな働き方をしていても、自分のためにも社会のためにもならないよ、というわけです。

『論語』の中にも、

「**これを知る者はこれを好む者に如かず。これを好む者はこれを楽しむ者に如かず（物事を知り理解する人は、それを好んでいる人に及ばない。物事を好んでいる人は、それを楽しんでいる人に及ばない）**」

という言葉があります。

仕事を楽しんでいる人が一番伸びるのだから、仕事は愉快に「趣味」を持って、熱い真心を注ぐように努めることが大事だと、渋沢は考えたわけです。

フランスで見せた渋沢の驚くべき「好奇心」

「趣味」を持って仕事に取り組むには、好奇心を持つことが不可欠です。

私自身、好奇心を持つことの重要性を渋沢から教わりました。

私はもともと好奇心が強い方で、新しいものを見聞きするのも、何か新しいことをやってみるのも大好きなのですが、渋沢の好奇心には到底及びません。それを痛感させられたのは、フランスに渡った渋沢が見せた行動の数々でした。

前章の四十七ページでお話ししましたが、渋沢は主君である慶喜が将軍になったことで、倒幕の夢を諦めることになりました。雲の上の人となった慶喜にもはや会うこともできず、無為の日々を強いられることになった渋沢は、「亡国の民になるくらいなら浪人になろう」と幕府を辞める覚悟まで決めていました。

そんな渋沢に、救いの手が差し伸べられます。

幕府から、**慶喜の弟・昭武のお供としてフランスへ行くよう命じられた**のです。新たな使命を与えられた渋沢は、早々に支度を整えると、フランスの郵便船に乗って日本を離れますが、ここから、渋沢は持ち前の好奇心を爆発させます。

まず、**船の中で出された洋食を躊躇《ちゅうちょ》することなく試します**。コーヒー、豚の塩漬け、バター、鶏肉や牛肉の入ったブイヨンのスープ。また、「外国に行くと決めたからには」と船の中でフランス語の勉強も始めます。

船を降りた後はマルセイユからパリまで汽車で向かいますが、渋沢は「時間が来ると鐘を鳴らして人を集めて発車する仕掛け」にいたく感心し、日本に戻ったらこの仕掛けを船だけでなく鉄道にも整備したいと考えます。

このほかにも、新聞を見ては「世間の小さなことから国家の重要問題まで知れて重宝する！」と感動し、病院を見ては「病人は病院で療養し天寿を全うできる。これこそ人命を重んじる道だ！」と感動し、オペラを鑑賞しては「舞台の背景や明暗を自在に、瞬時に作り出し、真に迫っている！」と感動し……。

さらには、**フランスの役人にせがんで暗くて臭い下水道の様子まで見て回り**、それらの様子を克明に記録していきます。

見知らぬ国の下水道まで見たがるなんて、これだけでも並外れた好奇心の持ち主だということがわかりますが、渋沢の好奇心はこれだけにとどまりません。

渋沢が最も心を鷲摑みにされたのは、ヨーロッパ各地で見た経済の仕組みでした。

その一つが銀行です。渋沢はこの視察の会計係でもあり、お付きのフランス人に勧められて昭武一行のお金をフランスの公債と鉄道会社の公債に替えていましたが、帰国する時、この公債が増えていることに気づきます。

「銀行や会社は多くの人からお金を預かり、それによって大きな仕事ができる。しかも、会社が利益を上げると預けていたお金が増えて戻ってくる」

渋沢はこの時の体験をもとに、日本にも銀行を作ろうと思い立ったわけです。

それともう一つ、渋沢は驚くべき発見をします。

それは、**ヨーロッパでは役人と商人が対等であり、国王でさえ商工業を重んじ、自らの国の製品を積極的にアピールしている**という事実でした。

「武士が金のことを言うのは卑しい」「商人は役人に唯々諾々と従うのが当たり前」と教育されてきた日本人・渋沢にとって、これは天地がひっくり返るくらいの衝撃だったに違いありません。

銀行と、官尊民卑のない自由な風習。これからの日本社会のためにも、これだけは何としてでも日本に持ち帰りたい。**渋沢の持ち前の好奇心は、日本を豊かにしたいという大志と結びつき、日本経済を発展させる原動力へと昇華**していったのです。

仕事はいくらでも楽しむことができる

「趣味」を持って取り組む、つまり仕事を楽しんでやるには、仕事を真正面からではなく、鳥瞰する必要があります。**目の前のことにとらわれすぎないよう、少し余裕を持つ**ようにするのです。

余裕を持てないと、なかなか楽しむ境地にはなれません。いつも何かに追い立てられているような、やらないと落ち着かないワーカホリックの状態になってしまいます。

では、ワーカホリックにならないためにはどうすればいいのか。

その答えの一つが、**「自分が上の立場になったらどうしたいのか、何をしたいのか」を考えてみる**ことです。

仕事の楽しみ方は人それぞれかもしれませんが、私は「自分に決定権がなければ本当の仕事の面白みは経験できない」と考えていました。下っ端でも意見は言える、聞いてもらうこともできる。けれど、本当にやりたいことをやるには上に行くしかないと思っていました。

そこで私は、課長になる前から**「課長になったらこれをやる、あれをやる、ここはこう変える」といったやりたいことリストのようなメモを作り始めました。**

自分が仕事の中で経験したこと、失敗したこと、気づいたことを通して、自分なりに考えた働き方の原則を書き出したりもしていました。

そしていざ課長になった時、「**働き方十か条**」として部下に示し、それに従って働くよう指示したのです。

その結果、残業時間を大幅に減らし、なおかつ結果も出し、ボーナスも上がって、みんなが喜ぶという期待通りの成果を出すことができました。こうなると、仕事が面白くて仕方なくなります。もっと何かできることはないかと考えるようになります。

「そんなこと、誰もができることじゃないだろう」と言われそうですが、そんなことはありません。少し頭を使えば、誰だってできます。**渋沢の言うように、あたかも趣味を楽しむように、「ここはこうしたい」「あれもやってみたい」という気持ちでやれば、仕事はいくらでも楽しむことができる**のです。

もっともそのためには、**上司が部下に成功体験をさせることも大事**です。目標を設定してやり、サジェスチョンを与えながら、うまく成功に導き、成功したら人前でも褒めてやる。こうすることで仕事の面白みを教え、やる気を高めてやるのは上司の重要な役割です。

最近、会社をすぐに辞めてしまう若者が多いと言われますが、この責任の一端は、「趣味」を持って仕事する喜びを教えられない上司にもあるのかもしれません。

七

自ら箸を取れ

「つまらない仕事しか無い」は自分のせい

仕事で成果を出すには、楽しんで取り組むことが大事であり、そのためには上司が部下に成功体験を積ませる必要があると言いました。

しかし、だからと言って**上司が助けてくれるのをただ待っているのは愚の骨頂**です。組織の一員となったからには、経験が無いなりに頭を使い行動に移す努力をしなければいけないのですが、中には「上司のせいでいい仕事ができない」「つまらない仕事しかさせてもらえない」など文句や愚痴ばかり言う人もいます。

渋沢はこのような人たちに対して、『論語と算盤』で次のように言っています。

「**仕事をしようと思うなら、自分で箸を取らなければダメだ。**いくらお膳立てしてもらっても、料理を食べるかどうかは箸を取る人間の気持ち次第。**料理を口に運んでくれるほど、世の中は暇ではない。**

若い人の中には、やる気はあるのに頼れる人がいないとか、見てくれている人がいないと嘆く人がいる。確かに、どんなに優秀でも才能を見出してくれる人や環境がなければ能力は発揮できない。コネのない人よりある人の方が器量を認められるチャンスが多いのも事実だ。

だが、それは能力が普通以下の人の話。**本当に優れた手腕や頭脳を持っていれば世間は放っておかない**。世の中は常に有能な人材を欲しがっているものだ」

さらに渋沢は「**役に立つ青年は磁石のようなもの**。人に頼んで仕事を与えてもらわなくても、仕事を引きつけるだけの力を持っている」とも言います。

つまり、「いい仕事ができない」とか「つまらない仕事しかさせてもらえない」というのは、仕事がしたいと言いながら実はやる気がないか、あるいは仕事を与えられるだけの実力を持っていないかのどちらかではないか、というわけです。

渋沢のこの指摘は、実に的を射ていると言えるのではないでしょうか。

企画書の本質――慶喜への進言

渋沢は若い頃から、まさに「自ら箸を取る」人でした。

倒幕計画を断念し京都に逃げ延びた渋沢は、一橋家の家来になることで安定した生活を得ますが、そこに安住してのほほんと過ごすようなことはしません。

渋沢の狙いは、慶喜公を立てて尊皇攘夷をはかること。

そのためには、**一橋家により強固な経済力をつけてもらう必要がある**と考えました。幕府からの資金にだけ頼っていてはいけない。少しでも収入を多くし、領地の人が豊かになるような工夫をしなければならない。そこで、商売をしていた自分の経験を生かし、何かできることをやってみようと思い立ちます。

渋沢が最初に目をつけたのは、播州《ばんしゅう》（今の兵庫県南西部）で取れる**上米**《あげまい》でした。この上米は蔵元と呼ばれる商人が大変な安価で売りさばいていたため、藩が直接管理し、灘や西宮《にしのみや》の醸造所に売れば増収になると考えたのです。

次に、播州の名産である**白木綿**《しろもめん》。これも農家と商人が直接やり取りしていたため、不当な値段で買い叩かれていましたが、藩が農家から適切な価格で買い上げ、まとめて江戸や大坂で売ることにしてはどうかと考えます。こうすれば、藩の増収になるだけでなく農家も助かることになるからです。

そしてもう一つが、火薬の原料となる**硝石**《しょうせき》。硝石は今後必需品となると予想されることから、現在のように個人に細々とやらせるのではなく、藩で製造場を作り大々的に製造販売してはどうかと考えます。

渋沢はこれらのアイディアを慶喜に進言し、ゴーサインをもらうことに成功しますが、ここで注目すべきは、渋沢が**口頭ではなく建白書という形で自分のアイディアを提案した**という点です。

建白書というのは、上の位の人に対する上申書です。今で言う、企画書のようなものと考えればいいかもしれません。

どんなにいいアイディアを思いついても、口頭で直接訴えて、その場でダメだと言われればそれで終わりです。

しかし、**「何をやりたいのか、どうしてやりたいのか、どういうメリットがあるの**

か」などが詳しく書かれたものがあれば、わかりやすく、なおかつ何度でも読み返すことができる。

渋沢は**企画書の本質**をいち早く理解していたわけです。

渋沢はこの他にも、取引しやすい藩札（藩内で使われる紙幣）の流通の仕組みを提案するなど、多くの建白書を提出しました。

その結果、勘定組頭という重要な役職を与えられ、一橋家の財政改善を委任されるという、願ってもない務めを果たすことになります（残念ながら、この後程なくして慶喜が将軍職に就くことになり、渋沢は失意の日々を送ることになるわけですが）。

ちなみに、渋沢の「建白魔」はここだけで終わりません。フランスから帰国後に勤めることになる民部省でも、その建白魔ぶりをいかんなく発揮することになります。

何をするにも慌てず焦らず、ゆっくりやることによって全体像を把握し、自らのアイディアを文書として確かな形に落とし込んでいく。

そうした渋沢のやり方を、私たちも大いに見習いたいところです。

チャンスだと思ったら、迷わず飛べ

自ら箸を取る、つまり自分で仕事を作っていくのに社歴は関係ありません。新人だろうが経験が浅かろうが、業務の周辺を見渡せばやれることはいくらでもあります。自分にできることをいかにして見つけ、いかにして知恵を出すか。最初のうちは、規模は小さくとも、できることをどんどん考えてみるのが大事です。

ただし、**考えたことをやみくもに提案するのはよくありません**。独りよがりにならないよう、先輩なり上司なりに「こんなことを考えているのですが」と相談しながらやる。一人で勝手に先走っては、無駄足を踏むことになりかねません。

自分で仕事を作る時は、ある程度慎重に、時には我慢しながら、粘り強く進める必要があるのです。

実際、**渋沢もそう簡単に建白書を認めてもらえたわけではありません。出しても無視される。なかなか思うようにいかない**。そんなことを繰り返した末に、重要な役職を任されることになったのです。

そう考えると、やる気満々になりすぎるのも考えものかもしれません。できることはないかと考えつつ、目の前のことに丁寧に取り組みながら淡々と働く。チャンスはしゃにむに摑み取るものではなく、準備して待ちながら、「今だ！」という時が来たらガッと摑みに行くものなのです。

例えば私が営業課長だった時、海外駐在を願い出た女性社員がいました。当時東レには女性の海外駐在員は一人もいませんでしたが、私は彼女の熱意と力量を認め、香港への駐在を決めました。欧米だと遠すぎてご両親も心配するだろうからと、比較的近い香港を選びました。

ところが周囲は猛反対です。女の子を海外に出すなんて、何かあったらどう責任を取るのかというわけです。私は「これからは女性も海外に出る時代だ。他の会社では当たり前のように女性社員が海外で活躍しているじゃないか」と関係者を説き伏せました。

こうして、その女性は東レ初の女性海外駐在員になったのです。

晴れて海外勤務が決まった後、彼女は私に言いました。

「他の上司だったら、海外勤務なんて絶対に無理。でも、佐々木さんなら認めてくれる。佐々木さんが上司になった時、これはチャンスだと思ったんです」

つまり、彼女は**待ちに待った末に、私というチャンスの女神の前髪をググッと摑んだ**わけです。

チャンスを前にすると、つい弱気になることもあります。チャンスを与えられても「私なんて」と後ろ向きになる人も少なくないように感じます。

でも、**チャンスが訪れた時は「私なんて」とは思わない方がいい。自分はきっとできる、飛べるはずだと思った方がいい。飛んでみて落ちたとしても、また上がってくればいい**くらいに考えればいいのです。

八

時機は気長に待て

「堅忍持久」の力を養え

渋沢が明治の英傑たちに抜きん出て持っていたものの一つに、「**耐えて待つ力**」が挙げられます。

思い通りにいかない時、グッとこらえて冷静になる。感情や勢いに流されないよう、自らを律して我慢強く持ちこたえる。これを徹底できたのは、明治に優秀なリーダー多しと言えど、渋沢の右に出る者はいないとさえ感じます。

むろん大久保利通にしても西郷隆盛にしても、忍耐の時代を経ています。我慢が足りなかったなどと言うつもりはありません。でも、大久保は強引さが裏目に出て暗殺され、西郷は感情に流されたがゆえに自害することになってしまった。

そのことを思うと、不運に見舞われながらもしたたかに生き延び、近代日本の経済の土台を築き上げるに至った渋沢は、誰よりも「**耐えて待つ力**」が旺盛だったのではないかと思わずにはいられないのです。

渋沢は、

「世の中の仕事は力こぶばかりでいくものじゃない。堅忍持久の力を養って次第に進まなければならない」

と説いていますが、この堅忍持久の力をいかに養うかが、仕事をする上でも大変重要です。

もっとも、耐えて待つと言っても、単に歯を食いしばって辛い状況を耐えろという意味ではありません。**泰然と構え、来《きた》るべき時機を待つ**。堅忍持久の力を養うとは、チャンスを気長に待つ精神力を養うことと言ってもいいかもしれません。

渋沢は『論語と算盤』の中で次のような言葉を残しています。

世の中のことは「こうすれば必ずこうなる」という因果関係がある。それを無視して、突然横から形勢を変えようとしても、因果関係はすぐに断ち切ることはできない。しかるべき時が来ない限り、成り行きを変えることは決してできない。だから人が世の中を渡っていくためには、成り行きを広く眺めつつ、気長にチャンスを待つ心がけを忘れないようにしなければならない。

そのための忍耐を養いなさいと、渋沢は言うわけです。

天狗党の最期から「待つこと」を学ぶ

何度か述べたように、渋沢の人生は不運の連続です。最初に企てた倒幕の失敗、慶喜が将軍職に就いたことによる攘夷の挫折、そして大政奉還によって朝敵扱いされる不遇……。

おそらく、どれもが忍耐を強いられる出来事ばかりだったに違いありませんが、そうした不運にありながらも渋沢が忍耐して待つことの重要性を身にしみて知ったのは、自らの倒幕計画の失敗直後に目の当たりにした、天狗党の挙兵の失敗ではなかったかと思います。

天狗党とは、水戸藩で活躍した尊皇攘夷の一大勢力です。天狗党は開国を進める幕府に抵抗して、水戸藩の元家老・武田耕雲斎《こううんさい》と藤田小四郎《こしろう》をリーダーに、茨城県の筑波山で兵を挙げます。

天狗党は水戸藩士だけでなく、志を同じくする尊皇攘夷の農民や他藩の藩士らも巻き込み、数百の勢力で京都を目指します。水戸藩主の息子である慶喜を通して、朝廷に尊皇攘夷を訴え出ようとしたのです。

しかし、この目論見は失敗に終わります。美濃や越前の雪山越えに苦しめられた上に、頼みにしていた慶喜がなんと天狗党追討軍の指揮をとることがわかったからです。

結局、天狗党は加賀藩に捕らえられ、謀反の罪で全員刑に処されます。しかもそのうち何人かは、暗く冷たい蔵に閉じ込められ、寒さと飢えで病死したと言われます。

渋沢はこの天狗党の末路を目の当たりにし、虚《むな》しさを覚えると同時に、待つことの堪忍を知らず、血気盛んに騒動を起こす性急さに強い疑問を抱きます。

「自分もかつては同じようなことをしようとしていた。激情に駆られて性急なことをしようとしていた。でも、**感情を高ぶらせて事を急いても意味はない。死んでしまっては何もかも終わりじゃないか**」

反省と自戒の念を込めて、渋沢は天狗党の悲劇から耐えて待つことの重要性を痛感したというわけです。

渋沢は後に、

「自分は低い身分で終わるのが嫌で武士になろうと躍起になった。武士になって政治をやりたいと大望を抱いた。だが、これが原因で故郷を離れることになり、あちこち流浪することになった。随分と無駄足を踏んでしまった」

と語っていますが、私はこの流浪が無駄足だとは必ずしも思いません。

流浪と、そこで経験した気長に待つ忍耐を学んだからこそ、後の渋沢の偉業が達成されたのだと思えてならないからです。

「上司のせい」は「自分のせい」

突然ですが、**組織というのは、極めて理不尽なものです**。一生懸命やっても認められない。手柄を上司に横取りされる。成果を出しても意見を聞いてもらえない……。

会社に勤めていれば、誰もがこういう苦渋を一度ならず経験しているのではないかと思います。

でも、理不尽だからと言って感情的になってはいけません。「こんな会社、辞めてやる！」と辞表を叩きつけるような真似もすべきではありません。

冷静に考えて出した結論なら別ですが、**その時の感情で行動に出るのはかえって損**

です。理不尽さに怒りや悔しさを感じるのはよくわかりますが、こういう場合はちょっと我慢した方が絶対に得だと思います。

私が課長を務めていた頃、隣の課にこんな女性がいました。

彼女は上司に海外留学を申し出て、了承を得た後着々と準備を進めました。大変優秀な女性で、会社としても大いに期待を寄せている人材でした。

ところがある時、上司のミスで海外留学ができないことがわかります。**上司が人事部への申請をうっかり忘れていた**のです。

それを知った女性は、激怒して上司に辞表を叩きつけました。自分は余裕を持って申し出たのに、なぜ申請をし忘れたのか。一生懸命準備を進めてきたのにどうしてくれる。こんな会社、もう辞めてやる。彼女は激昂して、上司に食ってかかったのです。

隣の課で聞いていた私は、彼女を別室に呼んで言って聞かせました。

「あなたの気持ちはよくわかる。でも、ここで短気を起こして辞めるのは賢いとは言えない。どうしてもやりたいならまた来年チャレンジすればいい。あなたが来年こそは留学できるよう、私も応援するから」

結局、彼女は辞表を引っ込めて翌年に留学しました。そして何年後かに会社を退社し（今度は円満退社）、留学経験を生かして翻訳の仕事をするようになりました。感情的に会社を辞めなかったおかげで、留学経験とキャリアの両方を手に、次なる人生に飛び出すことができたわけです。

こういう場合、申請を忘れた上司に非があるのは確かですが、念を入れて確認をしなかった本人にも責任がないとは言えません。

それほど重要なことならば、**その上司がどういう人か、きちんとやってくれるのかそうでないのかを見極めねばならない**。場合によっては上司に、あるいは人事部に確認するくらい慎重にならなければいけない。

一生懸命準備してきたと言うけれど、そこをぬかったあなたにも責任の一端はある。私は彼女にそう言って反省も促し、何事も感情で突っ走ってはならないということを理解してもらったのです。

このように、チャンスを得ても「人」によって損なわれることもあります。それが原因で環境や条件が悪化すれば、さらにチャンスは遠のいてしまうかもしれません。

孟子は、**物事をなすには「天の時、地の利、人の和」が大事だ**と説きましたが、この言葉の通り、いくらチャンスが巡ってきても、環境が整わず、人の協力を得られなければ満足する結果は得られません。

「時機を気長に待ちなさい」という渋沢の言葉も、単に気長に待っていればいいというのではなく、**環境や人を含めたすべての要因が整うのを待ちなさい**、という意味なのではないでしょうか。

九

心の善悪より、振る舞いの善悪に注意せよ

志の高さだけでは出世できない

渋沢は**人の行いについて、「志」と「振る舞い」の二面から考えるべきだ**と言っています。

志がいくら高くても、良心的で思いやりに溢《あふ》れていても、手際が悪かったり配慮が欠けていたりすれば、人に迷惑をかけて嫌われてしまう。

一方で、**それほど志がなくても、振る舞いが機敏で忠実なら、人から信頼されて成功する。**

このように実社会においては、心の善悪より振る舞いの善悪に重点が置かれます。事実、冷酷で誠意のない人が社会から信頼されて成功し、逆に真面目で情に厚い人が落ちこぼれるという例が、みなさんの周りにもあるでしょう。これは、振る舞いの方が人目につきやすく、振る舞いがよく見える方が信頼されやすいためなのです。

行いの元となる志が曲がっているのに振る舞いが正しいという理屈は、本来なら成り立つはずはありません。

しかし、**道義にかなっているように見えさえすれば、曲がったものでもあたかも正しいものであるかのように見えてくる。**そのように見せかけられれば、聖人を欺《あざむ》くことさえできる。

そのくらい、振る舞いとは重要であり、振る舞いが人に与える影響は計り知れない。志さえ高ければうまくいくというわけではない。渋沢は志を高く持つことの重要性を説きながらも、

「人は志の高潔さより、良くも悪くも表面的な振る舞いに左右される」

という現実を、真摯《しんし》に受け止めていたわけです。

「尊皇攘夷」に学んだ志の失敗

渋沢が「志」と「振る舞い」についてこう述べた背景には、天狗党あるいは西郷隆盛や江藤新平など、尊皇攘夷の志士らの「志の失敗」があるかもしれません。

先にも述べたように、天狗党は尊皇攘夷を訴えて挙兵して失敗し、西郷や江藤は新政府樹立後、朝鮮出兵をめぐる征韓論がきっかけで政府と対立し、命を落とすことに

なりました。

一体なぜ、そのようなことになったのか。天狗党も江藤も西郷も、初めはそれなりの志を持って行動を起こしたはず。しかし、その行動は粗暴かつ感情的。結果、彼らはみな、見るも無残な結末を迎えることになった。

ということは、**そもそもその志自体が間違っていたのではないか**。武力に訴えて世の中を変える。人命を奪ってでもやりたいことを貫く。そのような野蛮な志の持ちようでは、いかに信念が素晴らしくとも、結局は失敗に終わるということではないか。

皮肉なことに、渋沢は志を同じくしていたはずの尊皇攘夷の志士たちの失敗から、志を貫くことの何たるかを教えられることになったというわけです。

形から入れ

心の善悪よりも振る舞いの善悪に気をつける。これは言い換えるなら、「何らかの行動をする時は心より行動を優先すべし。あれこれ考えるより形から入るのが大事だ」ということでもあります。

例えば、仕事ではお客様や取引先に対して敬意を持つこと、失礼のないよう接することが基本ですが、そのためには、**心の中で敬意を持つより先に、敬語を使うなり丁寧に挨拶するなり、相手に行動や態度で示すことが大事**です。

敬語や挨拶の習慣は、その都度いちいち気持ちを込めなくても、最低限の誠意を相手に伝えることができるからです。

ところが、こういう習慣を繰り返していると、やがて気持ちの方まで変わっていきます。敬語を使ったり挨拶をしたりすることを通して、相手を敬う気持ちや姿勢が自ずと身についていきます。つまり、**形が心を作っていく**のです。

私は新入社員が入ってくると、よくこのことを話しました。決められた規則はきちんと守る。上司の指示には、しのごの言わずに従う。なぜかと言えば、そういう形を身につけることで、社会人としての意識や礼儀が養われるから。「振る舞い」から「志」が育ち、自分を成長させることができるからだよ、と教えたのです。

ただし、この「形から入る」やり方の効果が期待できるのは、まだ何色にも染まっていない新人、あるいは心が素直な人の場合です。

中には、いくらやっても志の育たない人もいます。敬意もないのにやたらと挨拶だけ丁寧な、慇懃無礼《いんぎんぶれい》な人間になってしまう人もいます。そうなると、社会でまるで信用されない人間になってしまいます。

自分はそういう人間になっていないか、**形だけで中身のない人間になっていないか、時には振り返ってみる**必要があるかもしれません。

そもそも人間誰しも、それほど立派な志や行動力を持っているわけではありません。志なんて立派なものはないけれど、とりあえず結果が出せて、褒美がもらえて、それがやりがいになって、またがんばる。

人はそうした行動のサイクルの中で成長し、内なる志を育てていくのではないでしょうか。

その意味で言えば、**要領よく振る舞うのも大事なこと**かもしれません。うまく立ち回ることで成功体験を重ねれば、成長速度もより速まるからです。

でも、だからと言って「うまく立ち回れば万事オーケー」とは言いません。立ち居振る舞いだけでやっていけるほど世の中は甘くない。ましてやずる賢いことをして結果を出すというやり方は、決して長続きしないと私は思います。

志がいつまでも低いままだと、いずれはボロが出ます。世のため人のために何かしようという気持ちがある人の方が、最終的には評価されるものなのです。

最後は正直者が勝つ

「世のため人のため」という気持ちを持つのは立派ですが、志は一つ間違えると、ただの「綺麗事」で終わってしまうこともあります。

市長選に出馬した、ある若い女性の話です。

この女性は海外の有名大学を出た大変優秀な女性です。「市民のために」という意識も高く、人望もあり、人間的にもとても信頼できる人物でした。

ところが彼女の掲げた政策は、環境保護や文化推進など、市民の生活感覚からは程遠いものが中心でした。市民から信任を得るには、子育てや介護など市民生活に寄り添った実践的な政策を提案すべきなのに、「わが町を世界に発信したい」という志を高く持ちすぎたがために精神論に偏ってしまったのです。

結局、彼女は落選してしまいました。人柄も良く行動力もあり、そんじょそこらの政治家よりずっと高潔な志があったのに、現実を踏まえなかったために空回りしてしまい、どこか「綺麗事」になってしまった。振る舞いが心に及ばなかったわけです。

このように、志を高く持とうとすると現実から乖離《かいり》して、結局綺麗事で終わってしまうことも少なくありません。「世のため人のため」という気持ちを生かすためには、心に先んじて現実的にどう振る舞うべきかを考えなければならないのです。

ただ、私自身は渋沢の生涯を見ていても、「**最後は正直者が勝つ**」と思っています。目先の結果を出すために、心にもないことを得意げに喋る人間より、言葉足らずでも信念に則って本音で努力する人間の方が最終的にはすごいことをするものです。

そういう意味で言えば、落選してしまった女性には大いなる可能性があると信じたいところです。

もしかすると**渋沢は、こうした人間の善悪や長所短所を含めて、「誰にでも認めるべき点がある」ということを言いたかった**のかもしれません。

志がなくとも振る舞いに優れて結果を出す人もいる。結果の積み重ねによって人間的に成長する人もいる。あるいは立ち居振る舞いがうまくなくても、志によって成長し、それなりの振る舞いのできる人物になっていく人もいる。

だから、一つの行動の善し悪しで判断して人を切り捨ててはいけない。欠点を受け入れてみなで協力し合う心がけを養わなければいけない。

この懐の深さを、私たちはお手本にしなければいけないのだと思います。

十

逆境は
真価を試される
好機と捉えよ

人生には二種類の逆境がある

渋沢は『論語と算盤』の中で、自身の境遇を振り返って次のように述べています。

自分は明治維新という最も騒々しい時代に生まれ、様々な変化に遭遇してきた。尊皇攘夷を論じて東奔西走したかと思えば、一橋家に仕えて幕臣となり、徳川昭武に随行してフランスに渡航したものの、帰ってみれば幕府はすでになく王政の世の中に変わっていた。この間、自分は精一杯にやってきた。でも、どうすることもできず逆境の人となってしまった。

このように、**人生には好むと好まざるとにかかわらず、波瀾の渦中に投じられて逆境に立たされることがある。**これはいわば「**人にはどうしようもない逆境**」である。そのような逆境に立たされた場合は、目の前の出来事を「自分に与えられた本分（役割分担）」だと覚悟を決めることだ。そして天命に身を委ね、運命を待ちながら、コツコツとくじけず学ぶのがよい。

あれこれ悩んだところで、天命に逆らうことはできないと割り切れば、心は落ち着きを保てるはずだ、と渋沢は言うのです。

私たちは大きなトラブルに見舞われると、「何でこんなことになるんだ」「一体どうすればいいんだ」とただ頭を抱えてしまいがちです。誰かのせいにしたり言い訳したりして、「困った、困った」と右往左往してしまいます。

でも、渋沢に言わせればそれは極めて愚かなこと。なぜなら「逆境をすべて人が作り出したものだと解釈し、人間の力でどうにかしようと考えれば、無駄に苦労の種を増やすだけでなく、結局何も達成できず、疲れ切って明日をどうするかさえ考えられなくなる」から。つまり、原因究明はするにしても、それが致し方ないことだとわかったなら、無駄に騒ぐのはやめておけ、というわけです。

では、**目の前の逆境が「人の作った逆境」だったらどうか**。その場合は、とにかく反省して悪い点を改めるしかない。自分が招いたことならば、その後本気でがんばれば必ず取り返せる。幸福な運命を手繰り寄せることができる。

それなのに、多くの人は最初からひねくれている。努力もせずに悲観的にばかり考え、かえって逆境を自ら招くようなことをする。これでは幸せになれるものもなれない。

逆境を乗り越えたいなら、**逆境に悩む前にまず、自らのひねくれた姿勢を改めなさい**と、渋沢は言っているのかもしれません。

逆境を上手に乗り越えるには

「どうしようもない逆境に直面したら、あれこれ悩まずやれることをやれ」と渋沢は言うわけですが、彼の逆境の乗り越え方を見ていると、目の前の物事に対する考え方が大変柔軟であると感じます。

自分の期待に添わない出来事が起きても、「なるほど、それもアリだな」としなやかに受け入れ、頑なにならず投げやりにならず、その場の状況に自分自身をうまく着地させているのです。

例えば、渋沢にとって一橋家の家来になるのは本来なら不本意です。「幕府とつながりのある人になんか仕えるものか」となるか、「食っていくために、誇りを捨てて仕方なく仕官するか」となるかの、ネガティブな二択になるかに思われます。

ところが渋沢はどちらの選択肢も取りません。「家来にして下さるというご好意はありがたいが、食っていくために志を翻すのは好まない。でも、一橋公が世のため人のために志ある者を召し抱えたいというならぜひ役に立ちたい」と第三の選択肢を申し出て見事仕官することに成功します。

渋沢は、目をかけてくれた平岡円四郎の人柄と、彼が志ある人材を欲していることを勘定に入れた上で、**相手を困らせない、自分も困らない道**を切り開いたわけです。

大隈重信からの依頼で民部省の役人になる時も、渋沢は似たような対応を取ります。大政奉還後、渋沢はもうお役所勤めはやめて、パリで仕入れた株式会社の知識をもとに、静岡で「商法会所」という会社作りをしようとしていました。

だから最初に民部省に勤めるよう言われた時、渋沢は「全く経験のない職務なので御免被る」と一度は辞退しますが、大隈重信に「何をすればいいのかわからないのは君だけじゃない。新政府を支える八百万《やおよろず》の神の一員となって、日本のために尽くしてもらいたい」と熱く説得され、決意を翻して任務を引き受けます。そして「自分にも考えがある。それをぜひ採用してもらいたい」と一言提案を申し添えます。

「そんなに言うならやってやる」という受け身ではなく、**「自分にもやってみたいことがある」という主体性を持って任務を引き受けた**のです。

逆境を乗り越えるためには、渋沢のように何事も主体的に、物事を前向きに変換して受け入れていく柔軟性が必要なのです。

逆境は真価を試される機会

渋沢には及びませんが、私も「八百万の神の一員」と似たような職務を経験したことがあります。

まだ私が三十代だった当時、潰れかかった関連会社の再建のため東レから精鋭部隊が派遣されることになった際、最年少メンバーとして私が選ばれたのです。

今にして思えば、これは私にとって大きな逆境でした。

私は管理担当者として社内の業績管理や予算管理を任されましたが、実際に任務に当たると、何から何まで初めてのことばかりでした。

与信管理の仕事で債権者集会の修羅場を体験したり、**企業内不祥事をネタにゆすり**

たかりをするヤクザまがいの男をあの手この手で追い返したり……東レにいたらやるはずもないような業務を、次々とこなしていかなければなりませんでした。

また、その関連会社と東レから派遣されたメンバーがうまくやれるよう調整する役割も、私が引き受けることになりました。関連会社を立て直すという絶対使命を全うするには、両者が協力し合わなくてはならないのに、しばしばうまくいかないことがあったからです。

不和の原因は、主に東レ側にありました。何しろ東レメンバーの中には、偉そうに指示命令ばかりしていたり、出世のことしか頭になく東レの方ばかり向いて仕事していたりする人も少なからずいました。

窮地に陥ったその関連会社を本気でなんとかしようとしている人は、少なかったのでした。

このような状態が続けば、いずれ両者の間で軋轢《あつれき》が生じ、お互いの信頼関係が築けなくなります。そうなれば、会社の再建というミッションは達成できなくなります。

そこで私は、相手の会社の社員を自費で飲みに誘ったり、クラブや広報誌を作って両者の交流を深めたりするなど、互いの距離を縮める努力を必死に試みました。

　こうして、まさに寝る間も惜しんで働いたせいで、私は**四ヶ月に一度は高熱を出して寝込む**ようになりました。長時間労働がたたって、過労死寸前かと思うところまで行ってしまったのです（幸いにも一年半ほどで立て直し業務は軌道に乗り、過労死するほどの激務はなくなりましたが）。

　振り返れば、随分と無茶なことをしたと思います。無駄なことや回り道もたくさんしたと思います。でも、この経験がなかったら、目の前の逆境を死に物狂いで切り抜けるような仕事を経験しなかったら、今の自分はないと言っても過言ではありません。

　結果的にこの再建は成功し、会社を去る時には大勢の社員に感謝され、胴上げまでしてもらいましたが、こうしたことすべてが逆境からもたらされたものだと思うと、**逆境もあながち悪いことではない、逆境は人を成長へと導く恩恵かもしれない**とさえ感じられます。

　渋沢は**「どうしようもない逆境」とは、人間が真価を試される機会に他ならない**と述べています。

期せずして降りかかった災難を、いかにして切り抜けるかによってその人の価値が決まる。だから逆境に遭遇したら、右往左往する前に「自分は今、試されている」と思いなさい。

これが、数々の逆境を切り抜けてきた渋沢が教える、逆境を糧《かて》に変える一番のポイントなのでしょう。

第三章

人には満身の誠意を注げ

視察中の渡米実業団一行

十一

実業は「仁」を根本とせよ

「思いやりの道」は災いを最小に防ぐ

渋沢は孔子にならい、実業界でも「仁」を根本とすべきだと述べています。仁とは一言で言えば、**他人を思いやる気持ち**のことです。真心で人に接する、人を欺かない、私利私欲に走らないなどもこの仁に含まれます。

商売人がみな仁を根本とすれば、粗悪なものを作って売りつけたり、人を騙して大金をせしめたりするという悪事も起こらない。人々は安心して売り買いができる。商売繁盛につながる。事業を成功に導くには仁＝思いやりが何より大事だというわけです。

また渋沢は、資本家と労働者の間においても仁を大切にすべきだと考えます。資本家も労働者も「思いやりの道」によって向き合ってほしい。そもそも両者の損得は共通の前提に立っている。互いの調和があってこそ、大きな利益も見込める。権利だの義務だのをやたらと言い立てるのは、両者のミゾを作るだけで何の効果もない、と言うのです。

かつて資本家と労働者の間には家族的な情愛があった。だが、最近は法律を制定して両者をそれによって取り締まろうとしている。それも必要なことかもしれないが、法を設けて権利や義務を明らかにすれば、両者の間に自然と隙間が生まれることになる。

それよりも、人々が「思いやりの道」を選び、思いやりを物差しとして生きる社会の方が、百の法律、千の定規に支配される社会よりよほど優れているのではないか。

社会問題や労働問題を解決するには、労使間に壁を作りかねない法の裁きより、仁の徹底を優先すべきだと渋沢は考えたのです。

渋沢は貧富の差や格差について、「人間社会の逃れられない宿命」としていますが、「これを宿命として放置すれば、調和が崩れ取り返しのつかない事態が起きる」と危惧しています。

だからこそ、災いを小さいうちに防ぐ手段として、「思いやりの道」を盛り上げてほしいと説いたわけです。

人への誠意が成功の鍵を握る

離れて暮らす妻へ度々手紙を書く。世話になった親族の面倒を一生みる。貧しい庶民の暮らしが少しでも良くなる事業をお上に提案するなど、渋沢の人生は思いやりに溢れています。

自分のことは後回しにして、常に相手の立場を考えて行動する。こう書くと、「なんだ、単なるいい人か」で終わってしまいそうですが、**渋沢の場合、ただのいい人では終わりません**。彼は自らの仁を強みとすることでチャンスを掴み、仁を貫くことで実業界の成功者になったからです。

例えば、最も象徴的なのは慶喜の弟・昭武のフランス行きのお供に選ばれたことです。

なぜ大勢の家来の中から渋沢が選ばれたのか。その理由は、渋沢が同行メンバーの調整役として適任だったからです。誰に対しても分け隔てなく接し、人の立場を慮《おもんぱか》って行動できる渋沢が、調整役としてうってつけだと判断されたのです。

何しろフランス行きの中心メンバーは、頭の固い、バリバリの攘夷論者である水戸藩の面々。同行する幕臣といつ衝突するともわかりません。この水と油のような両者をまとめるのに、渋沢の仁が重宝されたわけです。

人の調整役、すなわち揉め事や諍《いさか》いを治めるには、器用さが求められるように思えます。誰にでもいい顔をする、したたかな人が向いているようにも思うかもしれません。でも、調整役に一番に求められるのは、実は人柄です。**相手の立場を思いやり、相手が困らないよう誠意を尽くす**。つまり「仁」が不可欠なのです。

渋沢が実業界で成功したのも、仁を武器にできたことが大きな理由です。

渋沢は大蔵省を辞めた後、満を持して実業界に乗り出し、**三井・小野の両豪商とともに第一国立銀行を創立しますが、一年あまりで小野が破産し、立ち上げた銀行は破綻の危機**に遭います。

小野を見殺しにするのは忍びない。さりとて小野のせいで三井を困らせるわけにもいかない。渋沢は両者の間でかなり苦しい立場に立たされますが、持ち前の調整力をフルに生かし、小野・三井の両者と何度も交渉を重ねた末に、なんとかこの難局を乗り切ります。

その後、渋沢が多くの株式会社を立ち上げたのは前に述べた通りですが、多くの会社を立ち上げるにしても、組織同士のいざこざを治めるにしても、調整や交渉の力、すなわち「仁」なしにはありえなかったと言っても過言ではありません。

実業界で活躍したというと、私たちは経営力か、はたまた分析力や実行力に優れていたのかなどと考えてしまいがちですが、実は最も大事なのは仁、人を思いやる仁の力が成功の鍵を握っているのです。

無駄な仕事はするな――良い習慣は才能を超える

何をもって思いやりとするかは、人それぞれです。

新人に対して、「仕事は現場で覚えろ！」とハッパをかけるのも思いやりかもしれませんし、「俺の背中を見てやれ！」といちいち口で教えないのも思いやりといえば思いやりかもしれません。

でも、これらは私に言わせれば思いやりとは呼べません。

そもそも何も知らない人には指導や助言が必要です。手取り足取りする必要はないにしても、「それはあの資料を見ればいいよ」とか「○○さんに聞いてごらん」といった**具体的な指示ややり方を示さなければ、時間を無駄にしてしまい成長にもつながりません。**

「自分も若い頃はそうだったから」と根性論でがんばらせたり、どうでもいい作業を夜中までやらせたりするのは、あまりにも無責任、仁に欠けていると言わざるをえないのです。

私が新人だった頃も、「何も教えてくれない」「誰も指導してくれない」が当たり前でした。「もっと思いやりを持ってほしかった」とは言いませんが、適切なやり方をアドバイスしてもらえていれば、仕事をより早く覚えられ、より早く会社に貢献できていたのにと思えてなりません。

そういう思いがあったので、私は管理職になると、新人を早期に一人前にするためのマニュアル作りを提案しました。

みんなで分担を決めて、もちろん私からも知恵を与えながら、**それぞれの得意なと**

ころを生かして、担当者が変わってもそれを見れば仕事のやり方が一通りわかる仕事の説明書を作ったのです。

私は異動した先々でこのマニュアル作りを指示したので、周囲からは「マニュアル魔」とまで呼ばれましたが、これがあると指導しやすいし新人も覚えやすいと、とても喜んでもらうことができました。

私がマニュアル作りを考えたのは、仕事はすべて自分で体験するのがいいと考え、どうでもいい仕事に時間をかけさせる古き悪しき習慣に反発したこともありますが、一番は、新人の立場を考えないおざなりな指導をなんとかしなければと思ったことです。

新人からすれば、先輩にいちいち質問するのは気が引けます。教えられたことをすべて覚えるのは難しい時もあります。それを解消するにはマニュアルがあればいいのではないか。マニュアルによって効率化できれば、彼らの成長もより早まるに違いない。

つまり私なりのちょっとした「仁」を、具体化したのがこのマニュアルだったわけです。

人間誰しも「仁」の心を持っています。「自分にはそんな優しさはない」と思っていても、行動に移せないだけで、**心配したり助けになりたいという思いやりを、たいていの人は持ち合わせている**ものです。

自分の中の「仁」を育てるには、自分や周囲が幸せになるには何をしたらいいかを考えることが大事ですが、**思い立ったらぐずぐずせず、さっさと行動に移す習慣を身につける**ことも必要です。

私はいつも「**良い習慣は才能を超える**」と言っていますが、仁もまた習慣によって育つのだと思います。

十二　来る者拒まず、門戸開放主義を取れ

見ず知らずの人と積極的に会う

渋沢は、「人が人と接する時、大きく分けて二種類のやり方がある」と言います。

一つは、人を見たら泥棒と思う調子で、「自分から何か盗もうとしているに違いない」「自分を騙そうとしているのではないか」と考えるやり方。もう一つは、会う人みな誠意があるものと見て、自分も誠意を尽くして接しようとするやり方。自分はこの二つのうち、誠意を持ってもてなすやり方の方を選びたい。

面会を求める人がいればできるだけお目にかかって話を聞く。知人であろうがなかろうが、必ず相手の要望を聞く。そしてできることならその希望をかなえるよう努力する。

たとえ相手が自分の利益しか考えていなくても、やろうとしていることが正しく、国家社会のためになるなら、共感を持って達成させてやりたい。だから自分は、人に対して来るもの拒まずの門戸開放主義をとる、と渋沢は言うのです。

見ず知らずの人に面会を頼まれた場合、依頼した方は利益になるけれども、受けた方は何のメリットもなく終わるということもあります。時間を費やした分、かえって損になるということもあります。

でも、だからと言ってやってくる人を悪人と考えたり、**人の訪問を面倒臭がったりしていたら、折角のビジネスチャンスを失ったり社会的にマイナスになったりする**恐れがあります。

そんなことにならないためにも、**人と会う時は、たとえ時間の無駄に終わるかもしれなくとも、誠意を持って接しなさい**と渋沢は言うわけです。

余計な手間をかけなさい

渋沢に会いに来る人間の中には、見ず知らずにもかかわらず、やれ生活費を出してくれ、学費を支援してくれ、商売のために金を貸してくれと、とんでもない要求をしてくる者もいたといいます。

残念ながら、渋沢の善意につけ込む輩も大勢いたというわけですが、渋沢はこういう心ない人々にも腹を立てたりしません。

周囲から「誰とでも会うのはやめた方がいい」と言われても、門戸開放主義を貫きます。

相手の求めに応じて力を貸してやったはいいが、後から振り返って「あの人は良くなかった」「見当違いだった」と思うことも少なくない。

でも、**人はいつ変わるかわからない。悪人が悪人のまま終わるとは限らない。**やりようによっては、善い方に導いてやれることもある。

だから、たとえ悪人でも相手を突き放したりしない。最初から悪人だとわかっていても世話してやることもある。**時間の無駄とわかっていても、信じる志を貫くには、余計な手間をかけるのも必要だ。**

そう、渋沢は言うのです。

これは言い換えるなら、誰とでも会い、話を聞いてみるのは、単なる善意ではなく志を貫徹する企みの一つだということ。

お金と時間の無駄だったというような出会いでも、目的を達成する道筋の過程と思えば、決して無駄にはならないと渋沢は考えていたわけです。

迷ったら、懐に飛び込め

見ず知らずの人とも積極的に会ってみるという心がけは、貴重な情報を仕入れる上で大変役立つこともあります。会議であれこれ話し合っても全く改善されなかった問題が、広く人と会うことで一気に解決をみる場合も少なくないからです。

例えば、一橋家の家来になった渋沢が行った「**歩兵集め**」もその一つです。

渋沢は慶喜に軍備の必要性を説き、領地から集めた農民による歩兵隊の編制を進言します。でも、単に人集めの募集をかけただけではいい人材は集まらない。それなりの兵力とするには、領地に赴いて募集の意図を説明し、領民の義務であることを理解させた上で、やる気のある者を志願させなければならない。

そこで渋沢は、自分を歩兵募集担当として現場に派遣してほしいと願い出ます。

幸いにも進言は採用となり、渋沢は早速領地の代官所に出向き、代官や庄屋（村役人）に人集めを命じます。そして集まった人々を前に、

「これからは器量次第で立身功名できる時代だ。一念発起して領主のために働きなさ

い。自分も農民だったが、一橋家に奉公してこういう仕事に就いている」

と熱弁をふるいますが、なぜか一向に志願者が集まりません。

そこで渋沢は一計を案じ、付近で評判の剣術家や学者を訪ねます。先生やその書生たちと腹を割って交流することで、志のある者を直接探してみようと考えたのです。

この作戦は見事成功します。酒を酌み交わし、議論に花を咲かせ、共に釣りを楽しんだりするうちに、やがて渋沢のもとには「ぜひ志願したい」という若者が集まるようになります。口約束でなく書面にしたためて願い出るようになります。

これを見た渋沢は、人集めを担当していた庄屋を呼び、

「自分は一人でこれだけの志願者を集めた。それなのになぜ役場には志願者がやってこないのか。お前たちが何か足を引っ張っているのではないのか。**自分はこの使命を命がけでやっている。邪魔するというなら容赦しない**」

と厳しく問い詰めます。

すると庄屋は平身低頭し、

「実は代官から歩兵の募集には応じるな、一橋家の家来の中には無理難題を言って困らせる者もいるから相手にするなと命令されていたのです」

と内情を暴露しました。

これを聞いた渋沢は、改めて代官と面会し、今回の用向きの重要性を滔々《とうとう》と語って聞かせます。さしもの代官もこれには音を上げ、今度は人集めに本腰を入れました。するとと続々と人が集まるようになり、他の領地でも評判となり、予想を超える数の志願者を獲得することができたのです。

うまくいかないと思ったら、とりあえず人と会う。誰と会うのがいいか狙いをつけ、これぞと決めたら思い切って懐に飛び込む。

ただし、**いきなり本題を突きつけるのではなく、距離を縮めたところで相談を持ちかける。**

このような人付き合いのコツは、私たちビジネスマンがぜひとも真似したいところです。

不愉快にならない手段を考える

「誰とでも会ってみる」という渋沢の教えは、現実的に考えると難しい場合もあります。仕事ならともかく、素性のわからない人といきなり会うというのは、一般的には躊躇するものだと思います。

私も講演を聞きに来て下さった人から、「近所にいるから、直接会って話がしたい」と言われたことがあります。私の話に興味を持って下さるのはありがたいのですが、「会って話したい」と言われるのは正直言って戸惑います。

中には講演後にメールをいただき、「こういう場合はどうお考えですか?」と尋ねられ、繰り返し返信を求められることもあるのですが、メールとはいえ、やはり見ず知らずの方と個人的なやりとりをするのは、私はどうも苦手です。

最近はＳＮＳの普及もあり、突然見知らぬ方から連絡が来る機会が増えているとも聞きます。

そういったフェイス・トゥ・フェイスではないやりとりを好まれる方もいるのかも

しれませんが、**会ったことも話したこともない人とコミュニケーションをとる時は、お互いの気持ちや立場を考えた上で、双方が不愉快にならないやり方を考慮すべき**です。

いくら「門戸開放主義だ」とはいえ、あまりに礼を失した、思いやりのないコミュニケーションを求めてくる人には、渋沢も相応の返しをしたはずです。

つまり、渋沢が信条とする門戸開放主義に関しては、**「来る者拒まず」を見習うというより、どんな人とも仲良くできる対応力に注目すべき**だと思います。

価値観が違うから、性格が合わないからと言って人を拒絶しない。**肩書きや老若男女にかかわらず、これはと思う人がいたら話に耳を傾けてみる。**

そして、自分が訪ねる際は、相手にそう思われるよう、思いやりを持って、コミュニケーションの手段をしっかりと考える。

そうして門戸を開放し／されれば、想像以上の出会いが得られることもあるのです。

十三　角《かど》を持て

「おかしい」と思ったら譲るな

人に対して深い思いやりを持ち、どんな相手にも誠意を持って接する懐の深い渋沢ですが、**「おかしい」と思うことに対しては頑として譲らず、徹底的にやり合う**ところがあります。

自分は一見円満な人間に思われるが、まるで角がないわけではない。信じるところを揺さぶられ、覆されそうになった場合は断固として争う。いかなる場合でも絶対に譲らない。人間はいかに人格が円満でも、どこかに角がなければならない。

渋沢はそう述べています。

実際、渋沢は大蔵省で総務局長として働いていた当時、**新たに導入した伝票制度をめぐって出納局長と対決**します。

渋沢は大蔵省に入る際、大隈重信に業務改革専門の組織を設けることを提案し、その責任者を務めることになります。

その業務改革の一つとして、渋沢は出納制度に欧州式の簿記を採用し、伝票による金銭管理をし始めますが、導入に際しちょっとしたミスが発覚します。

これに気づいた渋沢は担当者を呼び注意を促します。

しかし、当時の出納局長は**ミスを詫びるどころか、「こんな改正なんかするからミスが起きるのだ」と逆ギレし**、渋沢に向かって暴言混じりの不平不満を並べ立てます。

これに対し、渋沢は持ち前の寛容さで簿記の導入の意義を説明しますが、相手はまるで聞く耳を持たず、顔を真っ赤にして怒り出し、あろうことか拳を振り上げて渋沢に殴りかかろうとします。

渋沢はすんでのところで身をかわし、相手を取り押さえると、「ここをどこだと思っている！　こんな真似は許さないぞ！」と大声で叱りつけました。

相手が我に返っておとなしくなったため、渋沢は「反省しているなら問題にしない」と許しましたが、ホトケのような渋沢も、このような暴挙に対しては憤然と「角を持って」臨むというわけです。

大蔵省での大久保利通との対立

こうした渋沢の「角」は、大蔵長官を務めていた大久保利通との対立にも見られます。

当時の大蔵省は確たる財政計画もなく、陸海軍から言われるまま予算を計上していました。**こんな大雑把な予算管理では国が破綻しかねない**と考えた渋沢は、「**入るを量って出るを為す（歳入によって歳出を決める）**」という経済原則に則り、支出を切り詰めるべきだと大久保に進言します。

そして「安定した財政運営のためにも、せめて歳入総額がわかってから支出を決めてほしい」と願い出ますが、大久保からは「歳入が明らかになるまで陸海軍へ予算を渡すなと言うのか」と突っぱねられてしまいます。

諸外国に負けじと軍備増強を目論む大久保にとって、財政基盤を何より優先すべきとする渋沢の考え方は、到底受け入れられなかったわけです。

渋沢はなおも粘り強く「会計の原則を外れるのは危険なことだ」と説明しますが、

内心では「もう役人なんか辞めてやる」という気持ちを強くしていきます。大蔵省のリーダーたる大久保が、財政実務をまるで理解していないという現状に我慢ならなかったからです。

この後、渋沢は一度は退職を留意したものの、依然として予算管理の重要性を理解しない政府に嫌気が差し、先輩である井上馨とともに辞めることを決意します。そして辞表とともに、現状の予算表を添えた財政に関する意見書を提出します。するとこれが新聞に掲載され、国家のずさんな予算管理が国民の知るところとなります。

政府の極秘事項を世に晒したと、井上・渋沢両名は国から罰金を科せられますが、これを機に国は、国家予算を国民に公表するようになります。

今や当然のように行われる国家予算の公表も、元をたどれば渋沢がきっかけを作ってくれたというわけです。

渋沢は大蔵省に在籍したわずか四年余りの間で、財政以外にも様々な改革を行いました。

全国の測量、度量衡の改正、(物納から金納への改訂を含む)税制改革、郵便制度の制定、公債発行及び貨幣制度の改定、廃藩置県に伴う藩札引換の整備など、その数はおよそ二百にも上ると言われます。

こうした数々の改革に際しても、おそらく抵抗勢力がいたと思われます。幕臣だった渋沢に対して反発する者も当然いたはずです。そうした逆風の中でこれだけの改革をやってのけるには、人を慮るだけでなく、時には「角」を持って立ち向かう姿勢も必要だったに違いありません。

「角」がわかれば人間関係は円滑になる

私自身は、仕事で喧嘩をしたことはほとんどありません。意見を戦わせたことは何度もありますが、大声を出して上司や部下とやり合った経験は一度もないと言ってもいいかもしれません。

もっとも「角」がないと言えば嘘になります。自分の信念に反するようなことをさせられれば、腹も立ちますし、不満に思うこともあります。そのせいで物言いがきつくなることもないわけではありません。

しかし感情をそのままぶつけたら後味が悪くなります。その後の付き合いに支障が出てしまいます。だから角を持つにしてもユーモアを、なるべく余裕を持つことを心がけています。

そのためには、**「自分の譲れないものは何か」をあらかじめ知っておく**のが大事だと思います。

「これだけは曲げられない」という自分なりの信念がわかれば、それ以外は「無視してもいい瑣末《さまつ》なこと」ということになります。瑣末なこととわかれば、腹も立たないし不満にも思わなくなる。ぶつかることも自ずと減る。多少気の合わない人でも余裕を持って接することができる。

つまり、譲れない何か＝角を持つということは、無駄な諍いをなくし、人間関係を円滑にすることでもあるのです。

激情には冷静で対処せよ

「角」をうまく持てると、感情的にぶつかってくる相手に対して冷静に対処できるようになります。

私がかつて仕えていた社長の話です。

ある時、私と社長とで、とある大企業の社長さんを接待することになりました。

するとその会食の席で、**先方の社長が突然「あなたの考え方はおかしい」とうちの社長を非難し始めました。**酒に酔ったのか、わけのわからない理屈を言って、ひどく怒り出してしまったのです。

あまりに感情的な物言いをするので、私は二人が取っ組み合いの喧嘩を始めるのではないかとハラハラしました。何しろうちの社長は「喧嘩の○○」の異名をとるほど喧嘩っ早《ぱや》い男です。信念が強い分、「自分が一番」という意識も超絶高い。だからてっきり売り言葉に買い言葉で、やり合ってしまうのではないかと思ったのです。

ところが、社長は喧嘩するどころか、相手に対して極めて冷静に接しました。「まあ、そう怒らずに」「申し訳なかった。私はそんなつもりはないんですよ」と穏やかに話し、その場を丸く収めてみせたのです。

驚いた私は、帰り際社長に「よく我慢なさいましたね、なぜ怒らなかったのです

か？」と尋ねました。すると社長は、

「怒っている相手と一緒になって怒ったらとんでもないことになる。相手が激昂している時ほど冷静になるに限る。私は相手が感情的になるほど冷静になるんだよ」

と言いました。

私はこれにいたく納得し、それなりの「角」を持つ人物は大事な場面で激昂したりしない、どんな相手にも一歩引いて対応できるのだと学んだのです。

感情的に向かってくる相手に冷静に対処するには、やはり訓練がいります。場数を踏んで練習し、信念を身につけ「角」を持つ。

人はこうして、多少のことでは萎縮しない自分になっていくのだと思います。

十四 己の腕前より人物鑑識眼を磨け

徳川家康のマネジメントに学ぶ

渋沢は「**事業で成功するために必要なのは、才能より人物をよく観察する眼だ**」と言っています。

どれほど非凡な才能があっても、一人でできることは限られている。何もかも一人でできるわけがない。一方、人物をよく鑑別する眼があれば、優秀な人材を集めることができる。それぞれの能力を見極めて適材適所に配置すれば、どんな事業でも成功を収められる、と言うのです。

この適材適所ということに関して、渋沢は徳川家康に注目しています。

徳川家康は最も重要な江戸の警護を、代々徳川家に仕えてきた忠誠心の高い家臣で固めた。そして自分の息子たちを御三家とし、水戸家には東国を、尾張家には東海道を、紀州家には関西を抑える役割をそれぞれ担わせた。さらに、全国の要所に忠義に厚い家臣を置くことで、脅威となりそうな外様大名の動きを封じようとした。

つまり家康は、余計な感情を差し挟まず「徳川の支配を磐石にすること」のみを目的に人を鑑別して配置し、その結果二百六十年の国家体制を築き上げることに成功した。

この適材適所のスキルを自分もぜひ見習いたいと、渋沢は考えたわけです。

言われてみれば、家康のマネジメントは秀逸です。信長や秀吉と比べてみるとよくわかります。

秀吉は自らの参謀とも言える千利休や、豊臣家の重要な跡継ぎである秀次（甥）を大した理由もなく切腹させてしまいます。晩年は石田三成ばかり重用し、他の家臣をないがしろにしたことが仇となり、結局家康に滅ぼされてしまいます。

信長に至っては、長年仕えてきた家臣である明智光秀に裏切られ焼き殺されてしまいます。天下統一をなしうるほどの非凡な才能を持つとはいえ、最後は子飼いの部下に命を奪われてしまうなんて、こんな愚かなことはありません。

信長も秀吉も、能力においては家康以上のものを持っていたかもしれません。

でも、人物を冷静に見て適材適所に配置する点においては、家康が抜きん出ていた。才能より人物観察眼に秀でていたことが、天下統一という偉業を達成できた一番のポイントと言えるわけです。

「企み」を持って人を動かす

また家康は、能力があれば抜擢する、人望がない人間は偉くしない、大名同士が互いに妬《ねた》み合わないようにするなど、人心を考慮した見事なマネジメントを行っています。

このような優れたマネジメントができたのも、家康の中に「徳川家を未来永劫存続させるにはどうすればいいか」という執念にも似た「企み」があればこそ。**適材を適所に就けていく背後には、このような何らかの「企み」が隠されているものだ**と渋沢は指摘します。

もっとも渋沢は、「(家康のように)自分や一族の勢力を築きたいなどという私心は持ちたくない」と言います。「一族の繁栄が目的」という意味で言えば、家康に与《くみ》する気は全くないと言い切ります。

人が適所で働いた結果、何らかの成果を出す、そして国家社会に貢献する。これが適材適所の正しい考え方である。いかに企みを持つのが大事とはいえ、その企みのために人を謀略に巻き込んだり、人の自由意志を奪うようなことをするのは間違っている。

適材適所は私利私欲ではなく、互いの信頼の上に成り立たせるべきだと渋沢は考えていたわけです。

会社組織の場合も、同じことが言えます。経営者の私利私欲ではなく、どうすれば組織全体のために、あるいは日本社会に貢献できるかを熟慮する。つまり、**「企み」は世のため人のためとなることを前提とすべき**だと思います。

例えば、百十三ページで述べた東レの関連会社再建の際、当時の社長は一番若かった取締役を関連会社の社長に任命し、こう言って聞かせます。

「会社の再建は政府から付託された重要な使命だ。この会社を立て直さなければ日本の繊維業界全体が大変なことになる。誰をどう使おうとあなたに任せるから、何としてでも再建を遂行してほしい」

社長からこのような「企み」を言い渡された取締役は、営業、生産、経理、人事など主だった部署のリーダーを呼び集め、「肩書きに関係なく、自分のところの優秀な人材を誰でも何人でも連れてくるように」と指示します。

こうして部・課長クラスを中心とする精鋭部隊が編成され、東レから再建先に送り込まれることになったわけですが、本社から優秀な人材が抜け出てしまったせいで、大混乱に陥る部署もありました。「なんてことをしてくれるんだ！」と現場からは非難の声も上がるほどでしたが、**この大抜擢が再建を成功させ、日本の繊維業界の危機を救った**ことは間違いありません。

現場の混乱など本社に及ぼした弊害を見過ごしていいとは言いませんが、この再建の成功を通して会社がより大きな社会的信頼を獲得したと思えば、損失よりむしろ恩恵の方が多いはず。結果的にこの判断は、適材適所であったと言えるわけです。

人物を見抜く方法

では、その人物の人となりや考えを見抜くにはどうすればいいか。どんな点に注意すればいいか。渋沢は『言志録』（佐藤一斎著）から次の言葉を引き、正確な人物観察を行うには第一印象が大事だと述べています。

「何度か会うとあれこれ考えすぎて見誤る。他人の噂が入ってきちんと判断できない。そもそも偽りというものは、初対面でこちらの心にありありと刻みつけられるもの。何度か会うとむしろ目が曇り、偽りを見抜けなくなる。したがって人となりを知るなら、第一印象が最も頼りになる」

また、孔子は、

「人を知るには肉眼でなく心眼で見ることだ。そのためにはまず相手の行為を見る。行為の動機は何かを見る。そしてその人は何に安心し満足を得るかを知る。そうすれば相手の本性が明瞭に見えるはずだ」

と言います。

外に現れる行為が正しくても、その動機が正しくなければ正しいとは言えない。あるいは行為や動機が正しくても、やたらと食欲や物欲に安心するようではいつ悪い方に転じるともわからない。

ゆえに人を見る時は、行為と動機と満足する点の三拍子が揃っているかどうかを確かめる。

渋沢は孔子のこの教えを、人を鑑別する際の参考としていたようです。

「決めつけ」と「修正」で本性を知る

「第一印象が大事」という渋沢の考えはもっともだと思いますが、私は、現実には第一印象だけで相手を見抜くのは難しいと思っています。

それに、一目会っただけで「行為と動機と満足する点」を見るのも至難の業。やはり何度か会わないと、相手の人となりはなかなかわからないものだと思います。

そこでお勧めしたいのが、**「決めつけ」と「修正」**です。

人と会ったらとりあえず**第一印象で「こういう人」と決めつけ、二回目に会ったら「やっぱりこう」、三回目に会ったら「実はこう」と修正していく**やり方です。

例えば取引先の人と**名刺交換をしたら、「生真面目で堅い人」「明るくハキハキ話す人」など第一印象を決めて名刺の裏に書き込み**、その後別の人から話を聞いたり二度目に会って違う印象を抱いたら最初の印象を修正します。

こうすると、その人に関する多面的な情報が蓄積され、その人の本当のところがわかるようになります。「この人とやっていくにはこうすればいい」ということがわかるようになれば、よりスムーズに付き合えるようになります。

こうして人物観察眼を磨いていけば、一目会っただけで「だいたいこういう人だ」と見抜けるようになっていくのではないでしょうか。

観察眼を磨くには、何より相手に関心を持つのが大事です。積極的に関心を持って見ればこそ、人を心眼で見る力が養われるのだと思います。

十五　長年の交遊に馴れるな、尊敬の念を失うな

大隈重信の欠点と長所

渋沢は、自分を大蔵省に誘い入れた大隈重信と、大隈が亡くなるまでおよそ五十年にわたり交遊していました。

と言っても、喧嘩一つしない仲良しだったというわけではありません。お互いに不満を感じたり、誤解し合っていたこともあったといいます。事実、渋沢は大隈重信の人柄について、少々愚痴混じりに（？）次のようなことを語っています。

「大隈侯は他人の話を聞くより、自分の話を他人に聞かせるのが好きな人だ。大隈侯のところに行って何事か申し上げてきたという人もいるが、たいていは申し上げずに何か聞かされて帰ってきている。

そこで私は大隈侯に何か用件を申し上げる時は、『**今日はこういうことをぜひお聞き取りいただきたい。あなたの意見は、私の意見をお聞きいただいた後でうかがいます**』**と念を押してから話をする**ようにしている。

しかし、それでも大隈侯はこちらの話が終わるのを待っていられない。途中から横道に逸れて自分の話を聞かせようとする。だから私は度々大隈侯に『よく聞いて下さい』と念押しする。それでやっと聞き入れてもらえるのだ。

ただ大隈侯には感心することもある。それは**他人の話をほとんど聞かずに自分ばかり喋るのに、他人がちょっと話したことを案外よく記憶されている**ことである」

人の話にしっかりと耳を傾けるタイプの渋沢からしたら、自分ばかり喋ろうとする大隈はしばしば受け入れ難かったということなのかもしれません。

でも、そういう相手の欠点を知りながら、不満がありながらも友好的な関係を続けることができたのは、「互いに敬意を欠くようなことをしなかったからだ」と渋沢は言います。

長い付き合いに馴れ合って、相手に失礼なことをしなかったから、誤解や行き違いが生じても、会って話せばすぐに仲直りできる関係が築けたと言うのです。

多くの人は、少しばかり付き合いが長くなると敬意をなくし、馴れ合うようになる。

こういう馴れ合いの関係だと、ちょっとした諍いで激しく憎み合い反目し合ってしまうことも少なくない。

したがって人と末長く親しい関係を築きたいなら、長年の交遊に馴れず、尊敬の念を失わないことが何より大事だと、渋沢は考えたのです。

親しくても言葉は丁寧に

「敬意を失しない」という渋沢の姿勢は、先輩や友人だけに限りません。目下の部下に対しても、渋沢は礼儀正しく振る舞います。

例えば、渋沢の跡を継いで国立第一銀行の頭取となった人物に佐々木勇之助という男がいます。

佐々木は第一銀行で、政府の為替金を扱う経理の仕事を担当していました。有名校の出身ではなかったものの、大変有能で仕事では好成績を収め、とりわけ珠算にかけては筆算よりも速く計算してみせるほど達者だったといいます。

渋沢はこの佐々木の能力に目をつけ、洋式簿記を習わせて帳簿課長に昇進させ、さらに支配人、取締役と重要な役職に就かせ、最後は自分の後釜として頭取の地位を譲ります。佐々木は渋沢の一番の片腕として、四十年以上もの歳月をほぼ毎日のように過ごすことになったわけです。

ところが、それほど**親しい間柄にもかかわらず、二人は毎日会うたびに恭《うやうや》しく挨拶をし、「おはようございます。今日もお早いですね」「昨日帰京されましたか。無事にお戻りになられて大変結構でございます」などと丁寧な言葉を交わします。**

渋沢が上から目線の偉そうな物言いをすることもなければ、佐々木が図々しく軽口やタメ口をきくこともありません。

そのことを渋沢はこう語っています。

「私と佐々木が話している様子を初めて見た人は、二人が最近知り合ったばかりの仲だと思うに違いない。まさか四十年以上毎日顔を突き合わせ、事業を共にし、肝胆相照らす間柄だとは夢にも思わないことだろう」

二人が共に働く中で、交情にいささかの変化もなくやってこられたのは、互いに尊敬し合い礼儀を守ることを一日たりとも忘れなかった賜物なのだと、渋沢は語っています。

ツーカーの仲ほど敬意を失いやすい

互いに馴れ親しむと礼儀に欠けることがある。これは私自身、身をもって経験しましたのでよくわかります。

四十九ページで私が子会社に左遷されたという話をしましたが、私が取締役を解任され子会社に飛ばされたのも、「馴れ親しんで礼儀を欠いてしまった」がゆえの過ちと言っていいかもしれません。

私の左遷を決めたトップのAさんは、私が長年仕えてきた人でした。私は仕事のできるAさんを心から尊敬し、力になりたいと思っていました。そしてAさんもまた、私の努力を買い、私の提案に耳を傾け、時には他人の前で私の業績を褒めてくれることさえありました。

取引先の重役たちの目の前で「この男は本当にすごいんです。私が昇進できたのもこいつのおかげですよ」とはっきり口に出し、私を立ててくれることもあったのです。

私が部長や役員までの間、同期の中で一番早く昇進できたのも、この方がいたからと言っても過言ではありません。そのくらい私はAさんに世話になり、指導を受けることによってビジネスマンとして成長したわけです。

ところが、Aさんが社長になってしばらくして、こうした関係性が崩れ始めます。それまでの私たちは、あれこれ気を使わなくても分かり合える、いわばツーカーの仲でした。多少かみ合わなかったり、意に沿わないことがあっても、「まあ仕方ないか」で流せるような間柄だったのですが、彼は次第に、私の意見を聞き入れなくなっていきました。

それまではどんな進言にも耳を傾け、理屈に合っていれば納得して受け入れてくれていたのに、反対意見を口にするだけで不機嫌になり、経営のことであれこれ心配する私を疎《うと》んじるようになっていきました。社長という権限を長く手に入れたことで意識が変わり、私との距離が離れてしまったのです。

本来なら、ここで私は礼儀をわきまえるべきでした。Aさんに敬意を持って接するべきでした。でも、私は**馴れ合いの関係から脱することができず、「会社のためにな**

るのだから」とAさんに進言し続けてしまいました。

このままだとまずいと思わなかったわけではありませんが、**心のどこかで「自分ほどAさんの役に立つ人間はいない」という驕《おご》りがあったのかもしれません。**

そのせいで私は状況を見誤り、Aさんの怒りを買うことになったわけです。

人は変わる。だから「刮目して」見よ

『三国志演義』に「**男子三日会わざれば刮目《かつもく》して見よ**」という言葉があります。

呉の武将・呂蒙《りょもう》は、武芸には秀でていたものの学識が全くなく、周囲から下に見られ蔑まれていました。そんな呂蒙を見かねた呉の王は、彼に勉学を勧めます。王の命令には逆らえないと必死に本を読み勉強に励むうち、呂蒙はみるみる教養を身につけ、まるで別人かと思うほどに成長していきます。

驚く人々に対し、呂蒙は言いました。

「人間別れて三日もすれば大いに成長します。次に会う時には目をこすって（刮目して）見なければいけません」

この言葉の通り、三日会わなければ人は変わります。気持ちも事情も変わります。だから、人のことはよく見なければいけません。

そして漫然と相手を見るのではなく、些細な変化にも気づくように見なければいけない。たとえどれほど仲が良かったとしても、昔からよく知っている人だとしても、しっかり刮目して大事なものを見落とさないようにしなければなりません。

でないと、これまで築いた人間関係も自分の立場も失いかねない羽目になります。

長年の思い込みや世間一般の常識を捨て、常に敬意を持って礼儀正しく相手を見ることが不可欠。そんな渋沢の教えに従い、私も「とにかく人をよく見よう」と心を配っています。

第四章 バランスを取れ

ガス料金問題調停記者会見　総理大臣官邸（昭和4年8月9日）

十六

「智・情・意」を均等に成長させよ

真の「常識人」になるには

渋沢は『論語と算盤』の中で、常識を身につけることの重要性を次のように説いています。

社会で生きていくには常識が必要である。常識とは、世間の考え方を理解し、物事をうまく処理する能力のことである。これを身につけるには**「智・情・意（知恵と情愛と意志）」を保ち均等に成長させなければならない**。この三つをバランスよく得てこそ、我々は人間社会で認められ現実に成果を挙げられる、と。

では、「智・情・意」とは具体的には何を言うのか。

渋沢によれば、**「智」とは物事を見分ける能力のこと**。どれほど知識があっても、物事の善悪やプラス・マイナス面を見分ける能力がなければ、宝の持ち腐れで終わってしまう。知識を生かすには、物事の因果関係を見抜き、その後どうなるかを見通せる「智」が欠かせないと言います。

しかしいくら「智」に富んでいても、自分の利益ばかり優先して他人のことはどうでもいいと考えるようでは人の信頼は得られない。人の心がわからなければ「智」の能力は十分に発揮できない。そこで必要になるのが「情」です。

「情」とは、他人に情けをかける気持ちです。人生の出来事に円満な解決を与えてくれる一種の緩和剤です。つまり「情」とは、バランスが悪くなりがちな「智」を調整する機能なのだと渋沢は言います。

ただし、「情」は瞬間的に湧き上がり、そこに走りすぎるという弊害もある。人は喜び、怒り、悲しみ、楽しみ、愛《いと》しさ、憎しみ、欲望などの感情にいともたやすく流される傾向がある。情に流されては、正しい判断はできない。

そこで必要になるのが**「意」＝動きやすい感情をコントロールする意志の力**です。「意」は精神活動の大本です。強い意志さえあれば、人生において大きな強みを持つことになると渋沢は断言します。

しかし意志ばかり強くて「情」や「智」が伴わなければ、単なる頑固者になってしまう。根拠のない自信ばかり持ち、自分に誤りがあってもひたすら我を押し通す人になってしまう。

したがって、**常識人になるには「智」「情」「意」のどれが欠けてもいけない。**

強い意志、聡明な知恵、これらを調節する情愛、この三つをバランスよく併せ持って初めて、完全な常識人になれるというわけです。

熱狂にはあえて参加しない

渋沢が挙げた「智・情・意」のうち、一番難しいのは「意」かもしれません。

なぜなら、「智」は勉強すればいくらでも得られ、「情」は自然に湧き上がるものだから努力はいらない。それに対して「意」は主体性を持って自ら摑みとらなければならないものだからです。

渋沢はこの「意」の力を、幕末の激動の中で飛躍的に成長させました。倒幕計画や一橋家への仕官など、尊皇攘夷を貫くためにとった無謀とも思える行動が、渋沢に鋼《はがね》の意志をもたらしたわけですが、渋沢のこの意志の強さが最も端的に表れているのは、尊皇攘夷の志そのものより、むしろこの**過熱する時代を一歩引いて見る姿勢**の方です。

たいていの人は、こういう場合時代の激しい渦に巻き込まれます。

志が強いほど冷静さを失い、戦いの中へ身を投じることになりがちです。

ところが渋沢はそうはならなかった。尊皇攘夷への強い志を持ちながら、過激派の血で血を洗うようなやり方に与することなく、時代の熱狂と一線を画しあえて傍観する立場を選び取った。この**「意」の強さこそが、渋沢の真骨頂ではないか**と思うのです。

熱狂する時代といえば、かつての学生運動もそうです。

当時私が通っていた東京大学でも、あちこちで全共闘集会が開かれ、全共闘と共産党系の民青派とが激しく対立していました。今思い返しても、あの時代の熱狂ぶりは異常です。普通の学生がどんどんヒートアップしていく。あっという間に過激な闘士になってしまうのです。

私が所属していた経済学部は中間派だったため、その過熱ぶりを一歩引いたところから見ることができましたが、時代の熱狂というものにかくも人は流されるのかと、つくづく感じた記憶があります。

人間は時代の潮流やその場の勢いに巻き込まれやすいもの。それを踏まえ、**あえて**

熱狂に参加しない、あえて一歩踏みとどまる。それも「意」の鍛錬の一つであるということを、渋沢は教えてくれているのではないでしょうか。

結論を急がない、保留することを恐れない

熱狂からあえて一線を画した渋沢の例からもわかるように、意志の力というのは、物事を力強く、強引に推し進めるためのものとは限りません。**何としてでも実現させたいものであっても、場合によっては結論を急がない、保留にする。**一見諦めに思える道を選ぶ力も、強い「意」ではないかと思います。

例えば、五十八ページでも書きましたが、かつて東レのプラスチック事業部にいた時、私はグローバリゼーションを目的に海外工場の増設を提案しました。

自分が在籍する三年の間に、できるだけ多くの工場を作りたいと思っていましたが、一番に進めたいと切望していた国は、実を言うと中国でした。中国は今後大きな経済成長が見込める。だから工場を作るなら絶対に中国だと確信していたのです。

ところが、当時の社内では「今の中国ではいかがなものか」という雰囲気が濃厚で

した。九〇年代の中国は急激な経済成長にさしかかったばかり、日中関係もあまりよろしくない。したがって、ことを急ぐべきでないという意見が優勢だったため、やむなく中国での建設を諦め、東南アジアから進めることにしたのです。

インドネシア、マレーシアと進めた工場建設は幸いにも順調に進み、アメリカへの進出を無事終えたところで、ようやく当初からの念願だった中国での建設を提案しました。

この時は、日中関係もだいぶ落ち着きを見せていました。海外での建設作業にもだいぶ慣れてきていたため、不安要素もほぼありません。今こそ一気呵成にやるべきだとなり、中国での工場建設に着手することになりました。

本当のことを言うと、私は最初から何としてでも中国に工場をと考えていました。なので、最終的には是が非でも自分の意見を押し通すつもりでした。そのくらい、私は中国にこだわっていたのです。

でも、最初の時点で中国での建設に固執していたら、海外に工場を建設すること自体を受け入れてもらえなかったかもしれません。そうなれば、東レの海外進出は大幅に出遅れていた。会社のその後の成長にも悪影響を与えていたに違いない。

結果的に、**第一希望を保留し代案でスタートしたことが、海外での工場建設を前進させ、会社の利益につながった**わけです。

楽観主義でいこう

フランスの哲学者アランは『幸福論』の中で、

「悲観主義は気分のものであり、楽観主義は意志のものである」

と書いています。

これは言い換えるなら、意志を強くするとは楽観主義者になるということ。どんな状況でも「なんとかなる」「きっとうまくいく」と思うことが、意志を鍛錬する第一歩だということになります。

だから「ダメかもしれない」と悲観的になったら、思い切って楽観主義に切り替えて「なんとかなる」と考える。悲観という「情」を、楽観という「意」が上回るよう自ら努力してバランスを取るのが大事ではないでしょうか。

「情」に負けそうな時は「意」を鍛え、「意」が強くなりそうな時は「智」で自らを律し、「智」に傾いたら「情」で調節する。

渋沢の一生を見ていても、そうやってうまく常識を身につけながら、人は成長していくのだと思います。

十七

「蟹穴主義」を忘れるな

身の丈を守れ

良心的で思いやりがあること、常識人であることと並んで、渋沢は**「己を知ること」を心がけるべきだ**と述べています。

世間には自分の力を過信し、身の丈を超えた望みを持つ人もいる。しかし、**進むことばかりで身の丈を守ることを知らないと、とんでもない過ちを引き起こすことがある。**そうならないためにも、自分は己を知り、身の丈を守ることを常に心がけている、と言うのです。

渋沢は実業家転身後も、「ぜひ大蔵大臣になってくれ」「日本銀行の総裁になってくれ」などと頼まれます。しかし、

「自分は実業界に穴を掘って入ったのだから、今さらその穴を這《は》い出ることはできない」

と言って固辞します。

「**蟹は甲羅に似せて穴を掘る**」という故事がある。蟹は自分の体に合った穴を掘って

住む穴を作るというが、**自分もこの「蟹穴主義」を貫き、力量に見合わない、身の丈に合わないことはもうやらない、**というわけです。

ただし、身の丈に満足しているからと言って、もう何も新しいことに取り組まなくてもいいのかといえばそんなことはない。やると決めたことは最後までやり抜かなくてはいけない。身の丈をわきまえつつも、目標を成し遂げるために全力を尽くす。

そのバランスを考えながら進むのがよいと、渋沢は言っています。

白黒つけない「したたかさ」を持て

身の丈をわきまえる、されど目的のためには前進する。この二つは、一見相反する行動のように思えます。「一体どっちなんだ！」と言いたくなってしまいます。でも、実はこういう**「白黒つけずに事を進めていく」ところが、渋沢の懐の深い部分だ**と私は思います。

例えば渋沢は、尊皇攘夷の志を持って江戸へ遊学した際、一橋家の御用人である平岡円四郎と出会い、懇意になります。平岡は志のある渋沢を大いに気に入り、「お前には国家のために尽くすという気概がある。一橋家に仕官したらどうだ」と勧めます。

渋沢は幕府を倒す計画を立てていたわけですから、当然本音は「ノー」です。「幕府の手先なんかになれるか」という気持ちもあったかもしれません。でも、渋沢は「ノー」と言わず、「いずれその折にはよろしくお願いします」と正反対の返事をします。

一橋家の家来の名を借りれば、公然と刀も差せる。倒幕のための準備もスムーズに進む。ここはとりあえず、万が一のための保険をかけるつもりで「イエス」と答えておこう、と考えたわけです。

しかしこれはある意味、身の丈をわきまえた判断だとも言えます。ここで毅然と「お断りします」と言えるほどの器量も力量も、残念ながら今の自分は持ち合わせていない。**本音は「ノー」だが、身の丈を考えれば「イエス」と答えるのが得策だ**と考えた、ということではないでしょうか。

実際、渋沢はこの保険＝身の丈をわきまえた行動のおかげで、命拾いすることになります。倒幕の仲間が捕らえられたことで嫌疑をかけられはしたものの、「義のためなら殺人も辞さないと思ったことはある。だがまだ手を下したことはない」と正直に答え、平岡の信頼を得て仕官への道を進むことになります。

行動を共にした、従兄の渋沢喜作からは「幕府側に仕官するなんて、恥ずかしくないのか」と責められますが、渋沢はきっぱりと言い返します。

「今ここで仕官を断れば生活に困窮する。人のものを平気で盗む悪党になりかねない。そうなったら世のため人のためどころじゃない。今は不本意でも我慢して、一橋家に奉公しよう」

幕府を倒すという志は諦めない。そのためにも、今は蟠穴主義でいく必要があると判断したのです。

バランスを取りながら最善を探す

多くの人は物事に迷った時、白黒をはっきりつけたがります。わかりやすい答えを、とにかく早く求めたがります。

「宙ぶらりんな状態が気持ち悪いから、一刻も早くどちらかに決めて楽になりたい」

ということなのかもしれませんが、**大事なことの場合、焦って答えを出してもろくなことにはなりません。**事実、渋沢が生きた時代の英傑たちは、性急な行動をとったが故に命を落とした者も少なくありません。**「これしかない」などと決めつけてかかるから、自らを窮地へと追いやってしまう**のです。

私の講演会などでも、質疑応答で白黒つけたがる人がしばしばいます。

例えば、私が病気の妻や自閉症の長男のこと、出世競争に敗れた話をしながら、「運命は抗うのではなく引き受けるもの。そこで努力するのが大事です」と言うと、こんな質問をした女性がいました。

「私の夫は思いやりのない人間です。私も仕事で忙しいのに家事は一切せず私や子どもたちをバカにします。ろくに話も聞いてくれません。そんな人間でも運命と思って受け入れなくてはいけないのですか?」

この質問に対して、私は即答しました。

「一刻も早く別れた方がいいです、そんなダンナとは」

私の場合、妻も子どももどちらも病気で、私しか面倒を見る人間がいない。見捨てるわけにはいかない。だから私が引き受けてがんばるしかない。でも、あなたは選べる。もうどうしても耐えられないというなら、別れたって構わない。

つまり私が言いたいのは、**物事には裏表があって、絶対にこうだと決めつけることはできない**ということ。どちらが良いのか、**自分なりに考えてバランスを取りながら決めていくことがベストな選択につながる**、ということなのです。

「自分はこういう人間で、こういうことをしたいと思っている」と自己確認した上で、されど身の丈を考えて今はどうすべきかを検討する。要はそのバランスをいかに取るかということなのです。

大きく考え小さく動く

私は**仕事というものは、「大きく考え、小さく動く」ことが基本**だと考えていますが、これはもしかすると、「身の丈を知りながら志を貫く」という渋沢の蟹穴主義とよく似ているかもしれません。

例えば、五十八ページで海外工場の建設の話をしましたが、この場合「大きく考える」とは、プラスチック事業部にいる三年間で売り上げを二倍にするということ。日本だけでは五パーセント程度しか伸びないが、世界を相手にすれば倍にできる。そのためには中国、東南アジアと、海外にどんどん工場を作るべきだと判断したわけです。

では、どこから手をつけるかと考えた時、結局インドネシアからスタートしようということになった。前にも書いたように私自身は中国を狙っていましたが、様々な状況を鑑みて、最も規模の小さい国から「小さく動く」ことになった。

つまり、売り上げを二倍にすることを目標に（大きく考えて）、身の丈から始めて（小さく動いて）、マレーシア、タイ、アメリカ、中国と徐々に規模を拡大したことが、事業の成功に結びついたわけです。

このことは、出世においても言えることだと思います。

例えば新入社員がいきなり「社長になってやる！」と言うのははっきり言って愚かです。同期の中にそう豪語していた人間がいましたが、結局課長にもなれず平社員のまま退職しました。

「社長になる」という目標を掲げるのは間違ってはいませんが、それは時々眺める床の間の掛け軸のようなもの。現実に出世したいのなら、今より少し上のレベルを目指して実績を重ね、係長になったら課長、課長になったら部長、部長になったら理事、役員……と、身の丈に合ったステップアップを心がけるべきなのです。

ちなみに渋沢は、喜怒哀楽もまたバランスをとる必要があると述べ、**「走りすぎず、溺《おぼ》れすぎず」を限度と心得ている**と言います。仕事も大事だが、遊びも休息も大事。自分が掲げた目標を達成するには、がむしゃらに突っ走るだけでなく、心のバランスをうまくとる術を覚えなさい、ということなのかもしれません。

十八

小さなことは分別せよ、大きなことに驚くな

小さな仕事を粗末にするな

「水戸黄門」の名で知られる水戸藩主・水戸光圀の教えに、

「小なることは分別せよ、大なることに驚くべからず（小さなことは分別せよ、大きなことに驚くな）」

というのがあります。渋沢はこの言葉を引いて、『論語と算盤』で次のようなことを述べています。

「**些細なことを粗末にする大雑把な人間は、大きなことを成功させることはできない。**どんなに些細な仕事でも、それは大きな仕事の小さな一部である。これが満足にできなければ、仕事全体の責任も取れなくなる。

例えば時計の小さな針が怠けて動かなくなれば、大きな針も止まって時間がわからなくなってしまう。何百万円という大金を扱う銀行でも、厘や銭単位の計算が違うと、その日の帳尻が合わなくなってしまう。

よって**小さなことでも手抜きせず、勤勉に忠実に、誠意を込めて完全にやり遂げよ**

うとすべきなのである」

また、渋沢は天下統一を果たした秀吉を例にとり、「秀吉のような大人物も、最初信長に仕えた時は草履取りというつまらない仕事をさせられた。しかし秀吉はこの仕事を大切に務め、やがて抜擢され、柴田勝家と並ぶ重臣となった」と言っています。

コピー取りや電話番など誰にでもできる仕事でも、全身全霊かけて真面目にやらなければ、手柄を立てて立身出世の道を開くことはできない。小さな仕事がきちんとできてこそ、大きな仕事を成し遂げられる人物になれる、というわけです。

細心と大胆を両方持て

小さな仕事の大切さを説く一方で、渋沢は、**大きなことに大胆にチャレンジする精神も忘れてはいけない**と言います。

軽はずみな行動は慎むべきだが、リスクばかり気にしすぎると決断ができなくなり、弱気な方に流れがちになる。そのせいで進歩や発展が妨げられる恐れもある。先進諸国と伍していくには、間違いや失敗を恐れず、溌剌《はつらつ》としたチャレンジ精神を養わなければならない。

そのためには、**物事にこだわりすぎたり、細かいことにやたらと目くじらを立てたりしないようにすることも大事**である。むろん細心で周到な準備は必要だが、あまりに気を使いすぎるとチャレンジ精神が削がれてしまう。

要するに、**細心さと大胆さの両方をバランスよく保ち、意欲的に新しいことに取り組む**こと。これができて初めて、大事業を成功させることができる、というわけです。

社会が進歩すると当然秩序も整う。それに伴い法律や規則の類も増えていく。その結果、決まり事に触れていないかビクビクするようになったり、決まりに則ってさえいればいいと現状に満足するようになったりする。

そうなると、新しいことが始めにくくなる。自然と保守に傾くようになる。こんなことでは個人の成長も国家の前途もおぼつかないと、渋沢は当時の社会に対して警鐘を鳴らしています。

この渋沢の忠告に、私たち現代人もまた大いに耳を傾けるべきかもしれません。

仕事の八割は雑務

渋沢は、そろばんや帳簿付けなどの雑務をバカにして文句を言う新人に対して、「与えられた仕事に不平を言うな。しのごの言わず集中してやりなさい」と言っていますが、お恥ずかしながら私自身も、新人の頃はこうした雑務をバカにしていました。「事務仕事なんか、俺は簡単にこなせる」と甘く見ていたのです。

ところが、実際にやってみるとミスの連続です。何事も当たって砕けろという性格が災いして、失敗を繰り返してはしょっちゅう上司に怒られていました。

例えば、計算する仕事では検査を怠っていたため、間違った数値を報告しては「計算したものはもう一度確認するのが常識だ！　バカモノ！」と叱られ、会議資料の作成では「自己流の変なやり方で作るな！」と叱られ、会議の進行役を任されれば「準備ができてない！」「仕切りが悪い！」と叱られるという、惨憺《さんたん》たる有様でした。

でも、叱られたおかげでミスに気づき、仕事を早く覚えることができました。叱られるたびに腹が立ちもしましたが、そもそもミスを連発したのは仕事をどこか甘く見ていた自分のせいでもある。私は叱られるたび慎重になり、ミスを振り返って誤りを正して次に生かすことを繰り返した結果、徐々に信頼を得て、仕事の面白みというものを理解するようになったのです。

このように、**仕事の楽しさというのは雑務をこなすことから始まります。**

私は常々「会社の仕事というのは雑用の固まりだ」と言っていますが、**新人に限らずベテランでも、仕事の八割は雑務と言っても過言ではありません。**

何か重要な案件をやるにしても、やっていることそのものは書類を作成する、メールのやり取りをする、電話をかける、段取りを確認するなど、シンプルで他愛ないものばかりだからです。

でも、この**他愛ないものを丁寧に、頭を使い、心を込めて処理していくことが仕事の行方を左右する。**

結局、仕事の成功というものは、雑務＝小さな仕事をいかに積み重ねるかで決まります。

大事なことを優先し、小事は素早く済ませる

「小さなことでもバカにしない」というのは、仕事における基本中の基本です。

例えば、重要でない会議だから遅れてもいい、大した顧客じゃないから適当に扱っていいなどと考えるのは絶対にダメ。人として守るべきルールはきちんと守り、誰とも分け隔てなく誠意を持って接するべきです。

ただし、だからと言って何でもかんでも懇切丁寧に時間をかければいいというわけではありません。丁寧に仕事をすることと時間をかけてやることとは、分けて考えなくてはなりません。

例えば、私がかつて営業課に配属された当時、魚網やテグスを扱う水産資材係では月に一度、海辺の魚網屋に資材を売るために、二泊三日で地方出張に出かけていました。

ところが出張レポートを見たら、二泊三日もかけるような内容のことをしていません。そこで私は月に一度の出張をやめさせ、毎週決めた曜日に電話をかけて相手の要

望を聞くというやり方に変えさせました。

すると、出張費を削減できただけでなく、営業マンの必要人数を減らして他部署に回すことができ、なおかつ毎週連絡を取り合うようになったことで得意先とのコミュニケーションが円滑になるというメリットまで得られました。

このように、**時間をかけることが必ずしも丁寧であるとは限りません。**大事なのは時間ではなく、何が重要なのか、何を優先すべきかを考えて仕事をすること、つまり、**仕事そのものを管理する**ということなのです。

資料作成で言えば、コピーしてわかりやすくまとめておけばいいようなものを、あえて自分の文章でまとめたり見栄えよく仕上げるために手間ひまをかけたりする必要はありません。こういうのは単なる時間の無駄で、丁寧な仕事とは言えません。

また、丁寧に仕事をすることを「すべて自分の力でやる」と思っている人もいますが、**一から全部自分でやるのは時間ばかりかかってろくな仕上がりにならない**ことも少なくありません。むしろ人に知恵を借りるなり過去の資料を引用するなり、**自分以外の力を使った方が短時間で優れたものが作れます。**

このように、仕事をする時はどの程度手間をかけるべきか「事の軽重」を考え、速くできるものは速くやり、肝心要のものは時間をかけてでも完璧にやる、という進め方をすべきなのです。

水戸光圀公は「**分別は堪忍にありと知るべし（＝小さなことは忍の一時でやり過ごす寛容さを身につけなさい）**」とも言っています。

渋沢もそうですが、他愛ないことでも一つ一つ、面倒くさがらずに丁寧にやりきる力がつけば、成果が生まれて自ずと自信がつき、「ここは一つ、大きな勝負に出てみよう」という胆力もつくのです。

十九

明察に過ぎるな

頭が良すぎることのデメリット

一を聞いて十を知る人間は大変頭の良い人である。こういう人はめったにいない。一を聞いて二を知る人もなかなかいない。普通は一を聞いて一を知ればいい方である。だが、その頭の良さはせいぜい学問にとどめておいた方がいい。頭の良さは世の中を生きる上では、必ずしも良いものとは言えないこともある――。

渋沢はこのように**「頭が良すぎること」のデメリット**を指摘し、その最たる例として自分を一橋家の家老に取り立ててくれた平岡円四郎を挙げ、「実験論語処世談」の中で、次のように語っています。

「自分を一橋家に推薦して慶喜公に仕えるようにしてくれた平岡円四郎は、まさに一を聞いて十を知る性格で、客が来ると顔色を見ただけで何の用事で来たのかを察するような人だった。

しかしこういう人は、あまりにも物事を見通す力が強くて、**とにかく他人の先回り**

ばかりすることになるから、自ずと人に嫌われ非業の最期を迎えることになる。平岡が水戸の浪士に殺されたのも、一を聞いて十を知る能力によって先回りしすぎたせいではないだろうか」

また渋沢は、平岡の他に天狗党を旗揚げして処刑された水戸藩士・藤田小四郎を挙げ、その頭脳明晰ぶりを次のように語ります。

「私が藤田小四郎と出会った時、小四郎は私より二歳年下の二十二歳だった。私は小四郎に対し、『水戸藩士は桜田門外の変のような事件を起こしているが、要職者に反抗するのみで幕府そのものを叩こうとしていない。それに水戸藩は徒党を組んで争いごとばかりしている』と持論をぶった。

だが、小四郎はいわゆる一を聞いて十を知る鋭い頭脳の持ち主だったから、私が問いを発する前に私が聞こうとしていたことを察知し、水戸と幕府の関係はこう、長州との関係はこうだと、先回りして詳細を説明した。私はその弁舌を聞いて、なんと賢い人だと思わずにはいられなかった」

しかし、結局藤田小四郎も平岡同様、この二年後に命を落とすことになります。渋沢はこの両名の顛末から、「**物事を達成するには明察であることも重要だが、明察に過ぎるのはいいこととは言えない**」と考えたわけです。

「切れ者」は成長できない

私の東レ時代の先輩にも、大変頭の切れる人がいました。学生時代から群を抜いて優秀で、教授たちからも一目置かれるほどの人でした。社内でも弁舌巧みでしたから、当然誰もが彼を評価していました。

でも、彼は人の話を聞きません。人に意見を求めることもしないし、人の意見に耳を傾けることもしない。「自分は切れ者で周囲からも評価されている、自分はナンバーワンなのだから人の意見など聞く必要はない。何事も自分のやり方を貫けばいいのだ」と考えていたようでした。

ところが、彼は出世競争を勝ち抜くことはできませんでした。課長、部長と出世の階段を順調に上っているように見えましたが、結局取締役になれず別会社に出向になってしまいました。

一体なぜ彼は取締役になれなかったのか。その理由は、相当に頭の切れる人というのは持って生まれた才能に酔い、そこで満足し、自分を成長させようとする意欲に欠けてしまいがちだから。自分は他人より優れているのだから成長など必要ない、努力なんかしなくても思い通りに出世できるはずだと過信してしまうのです。

出世競争を勝ち上がるには、成長するための努力が不可欠です。生まれ持った能力だけでなんとかなるほど甘いものではないのですが、彼は頭が切れすぎるがゆえにそのことを理解することができなかった。

つまり、出世するには頭が切れすぎるより、少し思考速度が遅いくらいの方がいい。なんでも**一番でストレートに上がってきた人より、多少順位が下でも成長の努力を惜しまない人の方が、最終的にいいポジションを獲得する**ものなのです。

「頭の強い人」になれ

頭の切れすぎる人は、得てして人の話を聞かないものですが、本当に賢い人というのは人の話をよく聞きます。「自分は知っている。わかっている」と思うことでも、あえて人に聞くこともあります。

わかっていることでも人に聞いてみると、「そこまでは知らなかった」「そういう理解もあるのか」など思わぬ発見が得られることがあります。自分の理解が間違っていたことがわかり、誤りを振り返り修正することができます。自分と人の理解が一致すれば、「やっぱり間違えていなかった」と確認することもできます。

このように人に話を聞けば、より理解を深め、自分の幅を広げることにつながります。つまり賢い人というのは、何事においても柔軟に、他人の話に耳を傾ける力があるものなのです。

これに対し、頭の切れすぎる人は狭量です。「頭の悪い人」を極端に嫌います。愚直に仕事をやろうと努力する部下を「あいつは真面目なだけでダメ」「頭の回転が遅いからダメ」と決めつけ、すぐにバサバサ切り捨てようとします。

こういう人は、私に言わせれば賢い人ではありません。頭が良いのは確かかもしれませんが、多面的に深く物事を見ることのできない「頭の弱い人」。いくら頭の回転が速くても、**じっくりものを考え抜く「頭の強さ」がなければ、物事を成し遂げることはできません。**

「頭が強い人」は、多少回転が遅くても、地道に努力して実力をつけます。人の話を真摯に聞き、自分に足りないところを謙虚に直そうとします。頭の強い人は、頭の切れすぎる人にありがちな**「無駄に高いプライド」がないため、他人の助力を得てぐんぐん伸びていく**のです。

世間では、弁が立ち頭の回転が速い人を「頭の良い人だ」ともてはやす傾向があるようですが、本来**目指すべきは回転の速さより「頭の強さ」**なのです。

常に自問自答せよ

渋沢は、どんな状況に直面しても、頭を冷静に保って最後まで自分を見失わないようにすることが重要だと言い、そのためには「意志の鍛錬」が欠かせないと述べています。

意志の鍛錬とは、**「目の前の物事に対して、常識に照らし合わせながら自問自答し、心の中で検討を加えながら自分なりの答えを導き出していくこと」**。これができれば、正しいことを選び、間違ったことから遠ざかることができると言います。

例えば、正論を突きつけられ、言葉巧みに誘導されると、気づかぬうちに日頃の自分の主義主張とは正反対の方へ足を踏み入れてしまう羽目になる。無意識に本心とは違うことをさせられてしまうこともある。

しかしこういう時に意志の鍛錬ができていれば、「いや待てよ、ここは慎重になった方がいい」あるいは「多少の不安があっても、今ここでやるべきだ」などの判断ができる。こうした鍛錬した心で物事に臨み、人に接すれば、社会で過ちを犯すこともなくなるだろうと言うのです。

私は、この**渋沢の言う「意志の鍛錬」が、「頭の強い人」になるには不可欠だ**と考えます。

持って生まれた才能も大事ですが、それだけに頼っていてはいずれ立ちゆかなくなる。それを踏まえて、じっくり考えて決断する「意志の鍛錬」を重ねられる人が、成功の果実を手にできるのです。

渋沢は、普段からよく鍛錬をしておけば、予想外の出来事が起きたり、突然その場で対処しなければならないようなことが起きても、どっしりと構えてその場にふさわしい受け答えができるようになると言っています。

すなわち意志の鍛錬を積めば、自ずと機敏に、機転のきいた行動がとれる人になる。本来「切れ者」というのは、こうした意志の鍛錬を重ねた人のことを言うのでしょう。

二十

「数字・公益・時機・人材」を見よ

新ビジネスには「完全な設計と細心の配慮」

渋沢は起業について、「事業を成功させるには、非常な決心と綿密周到な注意をもってかからなければならない」と述べ、これを踏まえた上で「やろうとしていることが実現可能かどうか」を検討せよと言っています。

ただし、実現可能なら何をやってもいいかといえば、あながちそうとは言い切れない。例えば富士山のてっぺんにホテルを建設しようと思えば、やってやれないことはない。建設そのものだけなら、実現不可能なことはない。

だが、経営していくことができるかどうかといえば、難しい。営業の見込みが立たないことは誰もが見当がつく。つまり、できるということと成り立つということは必ずしも一致しないと、渋沢は注意を促しています。

では、成り立つかどうかを見極めるには何を考えればいいのか。渋沢は「**事業を起こすには完全な設計と細心の配慮が必要である**」と念押しした上で、起業に関する最も重要な注意事項として、次の四点を挙げています。

一　利益が出るかどうか
二　個人・国家社会、両方の利益になるか
三　時代に合っているか
四　適切な経営者となる人材がいるか

この四点が満たされていれば見込みがあるとみてよい、というわけです。

経営に必要な「四つの条件」

渋沢は四つの注意事項について、さらに詳しく次のように述べています。

一　利益が出るかどうか

成功する見込みがあるかどうかを、具体的な数字で出す。数字に裏付けられた成算もなく、漠然と「この事業は有望だ」とか「世間で需要がある」といった**「だろう勘定」で始めると、十中八九は失敗する。**

起業家にとって何より優先すべきは数の観念。精細綿密に計算して、右から見ても左から見ても間違いのないようにする。これができれば、事業の骨組みが成立したと言ってもいい。

二　個人・国家社会、両方の利益になるか

事業というものは個人の利益だけでなく、国家社会の公益につながっていなければならない。個人の利益ばかり追求していては、一時は繁盛してもいずれは社会に見捨てられ没落してしまう。

かといって、公益のために個人の利益をないがしろにしていいわけもない。私益より公益と言えば聞こえは立派だが、個人の利益を犠牲にすれば収支が合わなくなり、そもそも企業経営自体が成り立たない。

事業と名がつくからには**自分も利益を得ながら、同時に公益になることを考えに入れなければならない。**

三　時代に合っているか

数字の上での見込みが立ち、公私の利益が認められても、時代の求めに応えられる事業でなければ成功しない。時機の好悪を見抜いてかからなければ時代の潮流に圧倒されてしまう。

いかに有益有利な事業であっても、世間一般が不景気であれば望みは薄い。逆に好景気だからと潮流に乗ろうとしても、それが一過性なのか永続するのかを識別してかからなければ失敗することもある。

「時機」というものは、絶対に見逃してはならない重要課題である。

四　適切な経営者となる人材がいるか

どんな事業もそれなりの人物がいなければ経営はできない。どれほど潤沢な資本があっても、計画がいかに立派でも、適切な経営者を得なければ資本も計画も台無しになる。

例えば、いかに精巧な機械でも人力や火力などの動力がなければ何の役にも立たない。同様に、事業経営も適任者を得なければうまく回すことはできない。

結局「事業は人なり」なのである。とはいえ人間は万能ではない。どれほど熟慮して選んでも、見込み違いだったり見当はずれだったり、間違いを犯してしまうこともある。

人材に限らず、時機を見誤ることもあれば、計画の見込みの甘さが露呈する場合もある。こうした場合に備えるためにも、以上の四点を肝に銘じて取り組んでもらいたい。

経営に正解はない

渋沢の挙げた四つの条件は、非常に的を射ています。今の時代に当てはめても、全くその通りだと感じます。渋沢の実業力がいかに優れているか、これを見ると改めて痛感させられます。

例えば東レの場合で言うと、ビジネスを始める際には公益、つまり社会の役に立つかどうかを必ずチェックします。したがって「パチンコ台を作ろう」という提案はまず通りません。儲けはいいかもしれませんが、公益に寄与するとは言いがたいからです。

一方、「人工血液を開発できないか」という提案が出た時、社会的に役立つということで一旦は認められたものの、調べるうちに極めてリスクが高いことがわかり、残念ながら実現は見送られました。この事業の開発には時間もお金もかかる可能性が高い。つまり二番目の利益面を満たすことが難しいと判断されたわけです。

また三番目の「時代に合っているか」では、こんなことがありました。

かつて東レの炭素繊維は十年以上も赤字続きの不採算部門でした。社内からは「炭素繊維部門なんか潰してしまった方がいい」という意見まで挙がり、事実アメリカやヨーロッパでは多くの企業が撤退しましたが、東レは炭素繊維の可能性を見込んで、継続する道を選びました。

ところが、しばらくするとゴルフクラブやテニスのラケット、釣り竿などにしか使われていなかった炭素繊維が、航空機に使われるようになりました。電車の防音壁や風力発電の風車、それに自動車の部品にも使われるようになり、やがてナイロンやポリエステルをしのぐ黒字部門になったのです。

軽くて強いのが炭素繊維の最大の特長です。鉄などに比べると高価ですが、軽量化できるため乗り物に用いれば燃費が良く、結果的に経済性に優れることになるため、炭素繊維が鉄やアルミにとって代わりつつあるというわけです。

このように、「潰すべきだ」とまで言われた事業が黒字転換したということは、撤退しなかった経営判断が正しかったことを意味します。「今はダメでも、いずれは盛り返す」という「時機」の見方が適切だったと言えます。

もっとも、この手の時期や事業性の判断に原則や指標などはありません。その会社がどんな会社なのか。消費財なのか生産材なのか。大企業か中小企業か。グローバルかローカルか。あるいはどのような人材や技術を持っているか。どんな競争相手がいるのか。こういった様々な要因を考慮し、判断していくしかありません。

孟子の教えに「**天の時は地の利に如かず。地の利は人の和に如かず（天運は地理的有利に及ばない、地理的有利は人心の和に及ばない）**」というのがありますが、適切な時期や事業性の見定めも、「場所や労働力、資金力はあるか（地の利）」「適任者を選び一致団結してやれるか（人の和）」などの条件がうまく揃ってこそ、絶好のチャンス（天運）を摑めるということなのだと思います。

第五章
成敗をもって英雄を論ずなかれ

孫達にかこまれた栄一　飛鳥山邸居間にて（昭和4年10月25日）

二十一

習慣をあなどるな

良い習慣を重ねれば自分自身を変えられる

習慣とは、普段の振る舞いが積み重なって身に染みついたもの。悪い習慣を重ねれば悪人となり、良い習慣を重ねれば善人となるように、習慣は自分の人格にも影響を及ぼしていく。だからこそ誰しも良い習慣を身につけるよう心がけるべきである。

渋沢は習慣というものについてこのように述べ、「特に青年期に良い習慣を身につけるのが大事だ」としていますが、半面「自分は青年時代に家出して、気ままな生活をしたことが習慣となってしまい、後々までこの悪癖が抜けず苦労した。この悪い習慣を直したいという強い思いから、努力してこれを直すことができたつもりでいる」と省《かえり》みてもいます。

天下の渋沢も、身に染みついた悪い習慣を直すのに相当苦労したようですが、この経験から、「**若い頃に身につけてしまった悪い習慣は年をとっても努力すれば改められる。習慣は若い頃だけでなく老人になってからも重視すべきだ**」と語っています。

悪いと知りながら改められないのは、自分に打ち克つ心が足りない証拠。人間はいくつになっても「自分に克つ」という心を持って身を引き締めていかなければならない。したがって若かろうが年寄りだろうが、自分の悪い習慣は直すよう努力し、日々新たな気持ちで生きていくべきである。

渋沢はそう考えていたわけです。

寝る前、布団の中で一日を思い返す

実際渋沢は、「己の行動を観察反省し、自己矯正に努めた」という曽子の言葉にならい、次のような習慣づけを試みたと言います。

「夜寝床に就いた時、その日にやったことや言ったことを思い起こし、人のために忠実に行動できたか、友人に嘘いつわりを言わなかったか、孔子の教えに反したことはしていなかったか、反省考察している。夜にできない時は、翌朝起きて省察する」

これを習慣にすると、自己反省や精神修養に役立つだけでなく、記憶力を養成発達させるのにも大きな効果がある。自分は記憶力が良いと言われるが、だとすればこの習慣に負うところが大きい、と言うのです。

明晰な頭脳や並み外れた好奇心など、渋沢は生まれ持った才能に恵まれていたかもしれません。しかしそれ以上に彼を有能にしたのは、良いことは続け悪いことはやめるよう努力する、この習慣の力ではないかと私は思います。

能力がいかに高くても、志がいかに優れていても、それだけではいい結果につながるとは限りません。結局何事かを成し遂げるエンジンとなるのは、地道に繰り返し継続する習慣の力なのです。

「一歩先の行動」を習慣にする

私も渋沢にならい、若い頃から「習慣」を意識してきました。

具体的に言うと、私が心がけたのは**「一歩先の行動」を習慣にする**ことです。

例えば、朝は早起きして始業の一時間前に会社に着くようにします。電車が空いているので、座席に座ってその日のスケジュールを確認できます。始業前に着けば誰もいませんし電話もかかってきませんから、集中的に仕事を片付けることができます。みんなが出社してくる頃には、エンジン全開で仕事に取り組むことができます。

会議も同じです。開始十分前には着席します。まだ誰も来ていませんから、一番いい席に座れます。配布資料に早めに目を通せますし、自分が何を発言するかあらかじめ考えておくこともできます。

打ち合わせの時も、待ち合わせ場所に十分前に到着するようにします。万が一を考え、電車で移動する場合は待ち合わせ時間に間に合う一本前に乗り、飛行機の場合は原則一時間前に空港に到着する電車に乗ります。

約束の十分前に現場に着けば、余裕を持って打ち合わせや商談ができます。時間ギリギリに到着して息を切らせながら商談するのとでは、結果に差が出るのは火を見るより明らかです。

このように、「一歩先の行動」を心がけると様々なリスクが回避でき、多くのメリットを得ることができます。実際**一時間早く出勤すれば、集中して働ける時間が十年間で二〇〇〇〜三〇〇〇時間も得られます**。この積み重ねが仕事上の大きな力になることは言うまでもありません。

「一歩先の行動」を心がけるのは、はじめは面倒臭いかもしれません。でも、行動そのものはなんら難しいことではありません。やろうと思えば誰でもできる。習慣化のハードルはそれほど高くはないのです。

習慣化して身についてしまえば、面倒臭いと感じることはなくなります。それほど意識しなくても、半ば自動的に良い行動をとれることになります。それに伴い、仕事の結果にも自分への信頼にもつながります。

つまり、良い習慣を重ねればもともと持っていた能力を超えることだってできる。事実ボンクラ社員だった私が取締役にまで出世できたのも、良い習慣によって自分の才能を超えたからとも言えます。

自分の話はするな

渋沢は「年をとっても努力すれば悪い習慣は変えられる」と言っていますが、私としては、七十を過ぎたらもう習慣を変えるのは難しいのではないかと思うことがしばしばあります。

私は講演などでよく同年代の方と対談をするのですが、対談してみるとその人の人間としてのレベルがよくわかります。

できる人というのは、自分の話をするのと相手の話を聞くのとを、本当にうまく調整します。相手の話に熱心に耳を傾けた上で自分の意見をきちんと述べる。このようなバランスの優れた人と対談すると、結果的に聴く人にとって有益な対談になります。

一方、人の話をほとんど聞かず、自分ばかり喋ってしまう人がいます。ものをよく知っていて、立て板に水のごとく達者に話すのですが、話している内容はほとんど自分のことばかりだったりします。

中には講演のホストであるにもかかわらず、ゲストである私には何の質問もせず、私の二倍も三倍も喋ってしまうという人もいました。悪気はないのかもしれませんが、これでは対談とは言えません。

おそらくそういう人は、相手が目の前にいても自分ばかり喋ってしまうのが習慣になってしまっているのでしょう。まだ若い人ならいざ知らず、七十を過ぎて人の話も聞けないというのは少々残念な方ですが、こういう人は案外少なくありません。

それに対し、七十を超えて人の話に素直に耳を傾けられるというのは、そういう習慣を長年積み重ねてきた人、いくつになっても良い習慣を重ねられる、「自分に克つ」心を持った優れ者と言えるのかもしれません。

私自身も、若い頃から自分が喋るより人の話を聞くことを習慣にしてきました。人の話を聴くことで自分の知らないことや気づいていないことがわかるので自分の成長につながります。また相手からすれば話を聴いてくれる人には信頼と愛情を感じるものです。

自分ばかり喋って相手の話をちっとも聞かないというのでは、当然のことながら人から嫌われます。相手にもされなくなります。これが習慣化されたら幸せどころか不幸になってしまいます。

いわば私は少しでも幸せになりたいと思ったから、人の話を聴くという習慣が身についたとも言えます。

良い習慣というものは、**「こうあるべき」「ああするべき」ではなく、自分が幸せになるにはどうすればいいか、というところから始まる**ものかもしれません。

二十二
現実に立脚せよ

国の元気を無くすもの

渋沢は「経済活動というものは、社会のためになる道徳に基づかなければ長続きしない」と説く一方で、「だからと言って**頭でっかちな理論を振りかざし、利益を得ることを否定してかかるのは愚かだ。物事はあくまで現実に基づいた筋道に沿って進めるべきである**」と述べています。

現実に立脚しない道徳は、国の元気を失わせ、生産力を低くし、国を滅亡させてしまう。社会道徳も大事だが、現実的な問題をおろそかにして国の繁栄はない、というわけです。

事実渋沢は、四十五歳から院長を務めた東京養育院（身寄りのない子どもや老人、障害者などを収容する施設）の運営についても、社会道徳だけでなく現実的な利益を勘定に入れた上で進めています。養育院のような慈善事業に力を入れることは、犯罪などの不利益を減らすのに役立つはずだと考えたのです。

生活の困窮から社会に害悪を及ぼす恐れのある人間は、あまりひどくならないうちに救ってやらなくてはならない。これは同情や博愛精神からするだけでなく、社会の安全上必要なためにすることでもある。

そもそも犯罪の大半は貧乏から来ている。その証拠に米の値段が上がると犯罪が増える。つまり犯罪は社会が作り出すものとも言える。

またいったん犯罪が起こると、警察や刑務所の負担も増える。したがって慈善事業に力を入れることは道徳的にも社会政策的にも理にかなっている。

このように渋沢は、慈善事業を道徳からだけでなく、社会の現実に立脚して考えていたわけです。

ちなみにこの養育院は、「働かなくても生きられる怠け者を作ることになる。もっと有用な事業にお金を使うべきだ」との理由から閉鎖を余儀なくされますが、渋沢と、慈善事業に理解のある婦人会などの尽力から再び運営が再開されることになります。

渋沢は死ぬまでの四十六年間、他の事業からは引退するも、養育院の院長は務め続けました。

中途半端な事実はいらない

道徳を重視しながらも、常に現実を直視し続け、現実に基づいて判断を下す。渋沢のこの姿勢は、ビジネスにおいて何より重要であると私は思います。

ビジネスではよく、先見性や決断力が大事などと言われますが、それより何より求められるのは、決断を下すための現実を正しく摑む力、「**現実把握力**」だからです。

現実を把握するということは、いわば「事実は何か」を正しく摑むこと。目の前の出来事が正しいかどうかを、しっかりと確認するということです。これが不十分だと、どれほど優れた戦略もすべて無意味になりかねません。

とはいえ、「事実を摑む」とは案外厄介なものです。というのも、事実には「報告された事実」「表面的な事実」「仮定的事実」「希望的事実」など様々なものがあるからです。

言うまでもなく、これらはどれも本当の事実ではありません。中途半端な事実です。にもかかわらず、人はしばしば中途半端な事実を本当の事実だと思い込んでしまいます。

例えば、かつてイラク戦争で話題に上った「大量破壊兵器の存在」などは、ＣＩＡから「報告された事実」です。その後の調査から、「そのような兵器はなかった」ことが本当の事実であると明らかにされました。とんでもない話ですが、世の中にはこのような「中途半端な事実」によって過ちを犯すということが数多く存在するのです。

こういうことは、企業内でも当然起こります。例えば業績が悪化すると、「営業の売り方が悪いせいだ」とか「生産担当がいいものを作らないからだ」などの声がまことしやかに上がりますが、これらは大抵思い込みなどによる「表面的あるいは希望的事実」です。

一体何が本当の事実なのか、目の前に現れた出来事を様々な角度から、冷静かつ客観的に検証しなければ、業績の改善は到底期待できません。

事実かどうかを判断するには、その**事実を一つ一つ「揺すってみる」ことが重要**なのです。

専門用語は頭に叩き込め

では、具体的にどうすれば正しい事実が摑めるのか。その方法の一つが、「**人からとことん聞く**」ことです。

例えば私は新しい部署に異動になると、現場を把握するために、いの一番に部下との面談を行いました。事実を正しく摑むには、現場を知っている人々から少しでも多くの情報をもらうことが不可欠だと考えたからです。

この面談には、ちょっとしたコツがあります。**新入社員など、下の立場にいる人から順に話を聞いていく**のです。

もちろん人にもよりますが、新人というのは得てして思ったことや感じたことを、ストレートに本音で話してくれます。「○○さんは厳しいんです！」とか「○○さんには気をつけた方がいいですよ」など、ぶっちゃけたところを語ってくれます。

むろん、すべてを真に受けるわけではありませんが、こういう意見が集まると現場の事実がおよそわかってきます。上が下にどう評価されているかもわかってきます。

そうなると、その上の人間は虚偽や誇張したことを言いにくくなります。私が下の人間から何を聞かされたのか大方察して、正直なことを言ってくれるようになります。それでも把握しきれなければ、他部署の人やお客様にもそれとなく聞く。こうして人に聞いていくと、より正しい事実を摑むことができます。

ちなみに**面談を行う際は、「教えてもらう」という謙虚な態度で臨むことが大事**です。「自分は知らないからどうか教えてほしい」という感じで聞くのです。偉そうな口ぶりで「報告しなさい」では、本当のところは語ってくれません。事実を正しく摑むには、部下も「さん」付けで呼び、丁寧に接することが大事です。

それともう一つ、事実を正しく摑むにはある程度勉強しておくことも必要です。

例えば、その**事業や領域で使われている専門用語やキーワードを、できるだけ頭に叩き込んでおく**。こうすると、現場の人間に「ああ、この人はある程度知っているんだな」と思ってもらえ、話がしやすくなります。

私の場合、（東レは製造会社なので）**異動のたびに技術用語やそれを扱っている工場名などを単語帳に書いて、電車移動の時間などを利用して丸暗記**しました。「受験勉強みたい」と言われてしまうかもしれませんが、これが最も効率よく覚えられます。

最近はスマホなどの暗記アプリが数多く出ていますから、そういうものを有効活用してもよいのではないでしょうか。

一人だけにいい顔をするな

このように人に聞いたり、自ら勉強して疑問や意見を投げかけるということを積み重ねていくと、次第に相手の方からいろいろ教えてくれるようになります。「今あの人はこう説明したけど、実際のところはこうなんだよ」など、表からは見えにくい裏側の事実を話してくれるようにもなります。

表裏の両方がわかれば、結果的により正確な、間違いのない事実を掴むことができます。

つまり事実を正しく掴むには、いろいろな人の信頼と協力を得るに足る人格を身につけることが不可欠なのです。

これは言い方を変えるなら、**現実を把握し現実に学べる人が一番強い**ということです。**己の身の丈を知り、虚心坦懐に現場から学ぶ**。これは実業界のトップリーダーとなった渋沢が実践してきたことに他なりません。

優れたビジネスマン、あるいは優れたリーダーとなるには、もちろん強い信念を持つのも大事です。しかしそれにも増して重要なのは、**誰とも対等に向き合い、誰からも信頼され、それによって正しい事実を掴める人徳の力**です。

いくら仕事ができても、周囲から恐れられ近寄りがたい人間では、正しい事実がわからなくなり、いずれほころびが出始めます。

渋沢は終生このほころびとは無縁だった、稀有なリーダーと言えるのです。

二十三

お金は大切にせよ、そして軽蔑せよ

渋沢が語るお金の価値

渋沢はお金というものについて、次のように述べています。

お金はどんなモノにも変わることができる。**お金には「いろいろなものを代表できる」という価値がある。**だからお金はモノと同じく大切にすべきである。一枚の紙切れや一粒のコメさえ粗末にしてはならないのと同様に、お金も粗末に扱ってはならない、と言うのです。

一方で渋沢は、「お金は大切にすべきものだが、必要に応じてうまく使っていくのもそれに劣らず良いことだ」とし、「よく集めて、よく使って、経済活動の成長を促すことも心がけてほしい」と言います。

よく使うとは、正しい支出をすること、良い事柄に使っていくということ。お金をよく使うことを知らないと、ひたすらケチに徹する守銭奴になってしまう。世間ではお金を大切にする＝守銭奴になると思い込んでいる人もいるが、お金を守るだけでよく使わなければ、お金を大切にしているとは言えない。

したがって我々は金遣いの荒い人間にならないよう努力すると同時に、守銭奴にならないよう注意する必要がある、と言うのです。

お金とは淡白に付き合え

しかし渋沢は、お金をよく集めよく使うことを推奨する半面、お金の持つ危険性について次のように指摘しています。

人情の弱点として、利益が欲しいという思いが勝り、富を先にして道徳を後回しにする弊害がある。それが行き過ぎると金銭を万能なものと考えてしまい、何より大切な精神の問題を忘れ、モノの奴隷になってしまいやすい。

このような金銭のマイナス面に足を取られないためには、「まっとうな富は正しい活動によって手に入れるべきである」という考え方に則り、道徳心とともに金銭を利用することが望ましい。**金銭は大切なものだが、人を貶《おとし》める軽蔑すべきものでもある。金銭に執着すべきではない**と、渋沢は考えていたわけです。

実際渋沢は、大実業家でありながら金持ちになろうとはしませんでした。

多くの株式会社を作りながら、株式を独占するどころか次々と売却し、それによって得たお金でまた新たな会社を設立する。渋沢は金持ちになることより、国家社会のために事業を起こすことを優先したのです。

渋沢は自身の金銭観について、「青淵百話」などで次のように語っています。

自分は金持ちになるつもりは毛頭ない。国の富を独占することも嫌いである。いくら金持ちになったところで、それが社会の人々のためにならなければ無意味である。**無意味なことに人生を費やすより、自分の知恵を使ってやりがいのある仕事をして一生を過ごす方が、はるかに価値のある人生を送ることができる。**

要するに自分は、**大金は持つな、仕事は愉快にやれ**という主義なのである。

人は誰しも大金が欲しいし、お金を貯めたいし、大金持ちになりたいと苦心する。だが人の欲望には際限がない。いくらお金を手に入れても、もっともっとと果てしなく欲しがる。こういうお金に貪欲な人間が増えると、国家社会は危うくなる。

だから自分は、富に対して淡白でありたい。お金に貪欲な人間より、知識豊富な働き手が増え、国家社会を利することを強く望んでいる。

このように渋沢は、お金に対する人間の弱点と、ともすれば国を危うくするお金の怖さを踏まえた上で、「お金とは淡白に付き合うことを心がけた方がいい」と言っているわけです。

大金は人を翻弄する

私自身は、お金に対しては基本「ケチ」な人間です。

買わずに済むものは買いませんし、値切れるものは値切ります。百円でも千円でも、少しでもお金のかからない方をとります。銀行でお金をおろすのにかかる手数料も、もちろんかからないようにしています。

旅行の宿泊施設などにしても、機能が同じなら安い方が断然いい。豪華さやステイタスにお金をかけるのは、あまり意味がないことのように思えるからです（趣味で続けているゴルフのクラブやウェアも、ほとんどが人からのもらい物か普及品。道具やモノへのこだわりはほとんどありません）。

ただし、私は家族に対しては惜しみなくお金を使いました。妻の入院では本人の意向を汲んで個室にし、自閉症の長男にはアパートを借りて一人暮らしをさせたりもしました。

楽な出費とは言えませんでしたが、病気や障害のある家族のためを思えば無駄遣いではありません。私なりにやれる範囲で、正しいお金の使い方をしたつもりですが、このようにお金というものは、メリハリのある使い方を心がけることが大事ではないでしょうか。

もっともお金というのは、渋沢の指摘する通り、人を狂わせるものでもあります。例えば私の知るある会社の社長は、社長というステイタスに飽き足らなくなり、もっと上の地位を求め、多くの企業を取り仕切る財界のトップになることを目論みました。

その人は自分がその地位に就くために、多くの社員を使ってあらゆる手段を試みていましたが、血眼《ちまなこ》になって欲望を貪る姿は見苦しいの一言に尽きます。

口では「会社のためだ」と言うのですが、どう見ても自分がお金と権力に執着しているのは明らかです。お金も権力ももう十分手にしているはずなのに、もっと欲しい、もっと上に行きたいという欲望に抗えなくなってしまっているのです。

結局この人は真の意味で財界のトップにはなれず、有り余るお金で数億円の自分のお墓を建てていました。死んだ後もなお、自分の地位やお金を誇示したかったのでしょうか。有能な経営者だった人が、これほどお金に惑わされるとは、私自身驚かされるばかりでした。

お金は自分だけのものではない

会社組織では、上に行くほど給料が上がります。特に役員待遇以上となると、黙っていても相当なお金が入ります。ましてや一部上場企業の社長ともなれば、肩書きだけで巨額のお金を手にすることができます。つまり、地位がお金を作るわけです。

したがって、社長になった人はその座を離れようとはしません。最も高い給料をもらい、最高権力を持ち、人になんでも命令できるとなれば、大概の人は欲に目が眩《くら》むようになる。欲望の前では、人はいとも簡単に志を失うと言っても過言ではありません。

その証拠に、四十代の頃は「社長は老害になる前に若手にその座を譲るべきだ」と言っていた人間が、自分が社長になった途端その座に恋々《れんれん》として全く辞めようとしないということがあります。

「自分は五年で辞める」と宣言していたトップが、「後継者がいないから」などの理由をつけて、六年、七年と社長の席に居座り続けるという例もあります。

よく「上に立つ人間は孤独だ」などと言われますが、そんなのは私に言わせれば嘘っぱち。会社で一番給料が高くて、秘書もいて車もあって、好きなように会社を動かせる身分を、「孤独だから放り出したい」なんて考える人はまずいません。

悲しいことですが、これほどまでに人はお金に弱く、お金によって変わりもするのです。

もちろん、お金に狂った人間が尊敬されることはありません。周囲から軽蔑され、信頼を失い、いつしか周りは敵だらけという状態になります。前述しましたが、権力を手にした人間は十年もすると腐ります。腐った人間は惨めな末路を辿ることになります。

では、どうすれば富を得ても腐らずにいられるか。

そのためには「**いかに自分が苦労して築いた富だとしても、自分一人のものだと思わないことだ**」と渋沢は言います。

人はたった一人では何もできない。国家社会の助けがあって初めて利益を得られる。富を手にすればするほど、社会に助けてもらっていると考えなくてはならない。したがって、富を得た者は富を得たお返しとして社会への貢献を考えるべきである。

これを実践できる人が、本物の富豪と言えるのかもしれません。

二十四

成功や失敗は、努力の後に残るカス

成功や失敗にこだわるな

人は、人としてなすべきことを基準に、人生の道筋を決めていかなければならない。**成功や失敗を、人生の基準にするのは間違っている。**

成功や失敗、あるいは金銭や財宝というものは、精一杯努力した人間の身体に残るカスのようなものである。

渋沢は人生の成敗《せいはい》（勝ち負け）についてこのように述べ、成功や失敗しか眼中にない考え方を、「天地の道理を見ない愚かな考え」として戒めています。

勝ち負けなんか気にするな。金や財産に魂を売り渡すな。

人としてなすべきことの達成を心がけ、責任を果たせ。

そのためにひたすら努力し、自分の運命を切り開いていけ、と言うのです。

ただし「**運命を切り開くには知恵が欠かせない**」と渋沢は言います。巡り合った運命を摑むか否かは、その人の持つ智力にかかっている。いかに善人であろうと、智力を生かせなければ成功はおぼつかない。

したがって、自分なりに精一杯努力したけれど失敗に終わった場合は、「自分の智力が足りなかった」と諦め、逆に成功したなら「知恵がうまく生かせた」と思えばいい。失敗にしろ成功にしろ、あとは運命に任せておけばいい。

たとえ失敗したとしても、こういう努力を積み重ねていけばいずれ運が味方してくれる時が来る。お天道様は、誠実に努力する者に幸福を授け、運命を開いてくれるものである。

結局、成功も失敗も、長い人生の中に生まれては消える泡のようなもの。泡のような成敗に一喜一憂するのは全く無意味であると、渋沢は教えているわけです。

智力とは経験を識見に変える力

渋沢の言うように、成功や失敗というのは一時的なものです。一度成功したから勝ちというわけではありませんし、一度失敗したからと言って負けだということでもありません。誰だって成功もすれば、失敗もするわけです。

ところが、一度失敗するともうそこで終わってしまう人がいます。何度も失敗を繰り返してしまう人もいます。一体なぜそうなってしまうのか。

その理由は、失敗から学んでいないから。一度失敗した時に、なぜ失敗したのか、どうすれば失敗しないで済むのかを考えないから。それを考えた上で次の行動に生かすということをしていないから、再び失敗してしまうのです。

もっとも、これは失敗した人に限ったことではありません。成功した場合も、それを振り返って、どういう成功だったのか、何が成功の要因だったのかを分析して考えなければいけません。

一口に成功と言っても、自分の力ではなく、運が良くてたまたま成功するということがあります。その件で成功したことが、他の件で成功するとは限りません。相手が違えば失敗していたという可能性もなくはないです。それをあたかも自分の力で成功したと思い込んでいると、遅かれ早かれ失敗することになります。

つまり成功を重ねていくには、一時の成功にあぐらをかかず、その時の経験をしっかりと振り返る必要があるのです。

ただし、振り返ると言っても「あれが良かった」「これが悪かった」と反省するだけでは足りません。「こんなことがあった、あんなこともあった」と単に経験を思い出すだけでもいけません。

経験を思い出して並べるだけでは、「それがどうした」で終わってしまいます。大事なのはその経験をもとに自分と向き合い、**自分がどういう人間でどういう物の見方、考え方をするのかに気づくこと**。つまり**経験に基づいて内省をする**ということです。

内省によって自らを正しく理解すると、感情的にならず落ち着いて対処できるようになります。人を冷静に見る目も養われ、結果的に物事に対して正しい判断ができる力、すなわち識見《しきけん》を身につけることができるようになります。

成功や失敗などの経験は、内省によって識見に変える、つまり自分の血肉にしていくことが重要なのです。

渋沢の言う**「智力」とは、内省によって経験を識見に変えていく力**と言い換えてもいいのではないでしょうか。

過去の栄光を話すな

よく酒の席などで「あの仕事は俺がやった」「自分はこんなこともやった」と部下に成功体験を語りたがる上司がいますが、はっきり言って、こういう人は内省というものをしていません。それなりに経験は積んだかもしれませんが、あまり成長していないのではないかと思います。

内省をしていれば、人は必ず成長します。人間のレベルが上がります。**レベルの高い人間は、泡のような成功体験をさも得意げに人に話すことなどしません。**

自分なりに努力し、失敗の辛さも成功の喜びも味わってきたかもしれませんが、内省によって識見を得られなければ、残念ながら宝の持ち腐れと言う他ありません。こんなもったいないことはないのではないでしょうか。

私の部下が以前、こんなことを話していました。

自分の嫁ぎ先の義父母は、まだ年端もいかない孫（自分の娘）を相手に、「あなたのおじいちゃん、おばあちゃん（自分たちのこと）はね、有名な大学を出たの。有名な会社で働いて、たくさんのお給料をもらってたの。とても偉いのよ、すごいでしょう」と、真顔で何度も繰り返し話す。

自分たちにとっては勲章なのかもしれないが、聞いている方はうんざりする。そんな自慢話を幼い子どもに話すような真似はやめてほしい、と言うのです。

聞けばそのお二人は、八十も半ばを過ぎているといいます。知識も豊富で肩書きも立派で、社会的には申し分のない人間だともいいます。

しかし年をとるにしたがい、過去の栄光をひけらかすようになってしまった。何かにつけて自慢話ばかりするようになってしまったと、その部下はがっかりした様子で話していました。

おそらくお二人は、もともとは大変優秀な方たちだったのでしょう。普通以上に努力し、勉学に仕事にと励んできたのかもしれません。

でも、残念ながらそうした努力を心の成長に結びつけられなかった。内省も識見も得られないまま年寄りになってしまった。人間にとってこれほど虚しいことはないと言っても過言ではありません。

人生最大の価値は、信頼と尊敬

渋沢は『論語と算盤』の最後で、こんな言葉を残しています。

「成功や失敗などの価値観から脱し、超然と自立し、正しい道筋に沿って行動し続けるなら、成功や失敗とはレベルの違う、価値ある生涯を送ることができる」

では、渋沢の言う「価値ある生涯」とは一体何なのか。

それは一言で言うなら、人から信頼され、尊敬される人生ではないかと思います。

渋沢は九十一歳で永眠しますが、その時、渋沢の周囲には多くの親族で人垣が作られ、病室には人々の号泣する声が響き渡ったといいます。霊柩車が走る沿道には、渋沢の死を悼む人々の列が数キロ先まで続いたといいます。

この葬送の様子は、渋沢が生前多くの人から信頼され尊敬されていたこと、すなわち「成功や失敗とはレベルの違う価値ある生涯」を送ったということを、何より雄弁に物語っているのではないでしょうか。

もちろん、普通の人がここまで立派な生涯を送るのは無理かもしれません。でも、せめて久しぶりに会った時くらい笑顔で歓待してもらえる、快く接してもらえるような人間性を、死ぬまでには身につけたいものだとつくづく思います。

例えば、私が東レ経営研究所の社長をしていた時、とあるOB（何代か前の社長）が会社を訪ねてきました。突然の訪問にもかかわらず、みんなが仕事の手を止めてその人の周囲に集まり、にこやかに会話をしています。

彼は私に「今夜時間を取れますか？　私が持ちますから、みんなで飲みに行きませんか？」と誘ってくれました。非常に礼儀正しい、気持ちの良い振る舞いです。

一方後日、この人とは別のOBがやってきました。こちらは前のOBと違い、何日の何時にそちらに行くと前もって通達してきました。接待するのが当然だろうという前提でやってくるのです。

ところが、彼が来てもみな席を立ちません。下を向いたまま目も合わせません。接待しないわけにいきませんから、社長命令で何人か無理矢理連れて行きましたが、宴会は彼の独壇場で、誰もが早く帰りたがっているのは明らかです。

当人はこれでご満悦かもしれませんが、会社を離れた途端煙たがられ、相手にもされないというのは人として残念としか言いようがありません。人からチヤホヤされるのがいいとは言いませんが、たとえ肩書きがなくなっても人から慕われ、リスペクトされる人間性を目指す方が、より価値ある生涯に近いのではないでしょうか。

このことは職場だけでなく、家族に対しても同じだと思います。

例えば、私は自閉症の長男やうつ病の妻がいる関係から、障害を持つ子どものための施設に寄付をしたり、精神疾患を持つ人々のための活動に積極的に関わってきました（現在は活動自体が中止になってしまいましたが）。

最初はささやかな額でしたが、本が売れるにしたがい、それなりの額を寄付するようにしました。印税にしろ講演料にしろ、懐に入ったお金は私一人が稼いだのではなく、家族を始めとする多くの人々の協力を得てのものだからです。

特に、長男と妻は最大の貢献者です。彼らがいなかったら、私のこのビジネスマン人生も佐々木常夫という物書きも、存在しなかったと言っても過言ではありません。

このことを胸に刻み、いただいたお金を私なりのやり方で社会に還元していくことが、私に「価値ある生涯」をもたらしてくれるのではないか、という気がするのです。

「人はこの世に生まれてきた以上、自分のためだけでなく、何か世のためにすべき義務＝天命がある」

渋沢の言うように、価値ある人生とは、突き詰めれば自らの天命を知り、天命のために精一杯の努力ができる人生ということなのかもしれません。

【参考文献】

『現代語訳　論語と算盤』渋沢栄一著　守屋淳訳　筑摩書房
『現代語訳　渋沢栄一自伝』渋沢栄一著　守屋淳訳　平凡社
『雨夜譚　渋沢栄一自伝』長幸男校注　岩波書店
『渋沢栄一　社会企業家の先駆者』島田昌和著　岩波書店
『雄気堂々』(上・下)城山三郎著　新潮社
『渋沢栄一の「士魂商才」』寺島実郎監修　古川順弘著　KADOKAWA
『渋沢栄一　100の訓言』渋澤健著　日本経済新聞出版社
『渋沢栄一「論語」の読み方』渋沢栄一著　竹内均編・解説　三笠書房
『富と幸せを生む知恵　ドラッカーも心酔した名実業家の信条「青淵百話」』渋沢栄一著　実業之日本社
デジタル版「実験論語処世談」　公益財団法人渋沢栄一記念財団
eiichi.shibusawa.or.jp/features/jikkenrongo/

〈著者プロフィール〉

佐々木常夫（ささき・つねお）

1944年、秋田市生まれ。株式会社佐々木常夫マネージメント・リサーチ代表取締役。69年、東京大学経済学部卒業後、東レ株式会社に入社。自閉症の長男を含め3人の子どもを持つ。しばしば問題を起こす長男の世話、加えて肝臓病とうつ病を患った妻を抱え多難な家庭生活を送る。一方、会社では大阪・東京と6度の転勤、破綻会社の再建などさまざまな事業改革に多忙を極めたが、いかにワークライフバランスを保つかを考え、定時に帰る独自の仕事術を身につける。

2001年、東レ株式会社の取締役に就任。03年より東レ経営研究所社長。何度かの事業改革の実行や3代の社長に仕えた経験から独特の経営観をもち、現在経営者育成のプログラムの講師などを務める。内閣府の男女共同参画会議議員、大阪大学客員教授などの公職を歴任している。

『働く君に贈る25の言葉』『そうか、君は課長になったのか。』（ともに、WAVE出版）、『人生は理不尽』（幻冬舎）などの著書がある。


君から、動け。

渋沢栄一に学ぶ「働く」とは何か

2020年2月20日　第1刷発行

著　者　佐々木常夫
発行人　見城 徹
編集人　福島広司
編集者　片野貴司

GENTOSHA

発行所　株式会社 幻冬舎
〒151-0051　東京都渋谷区千駄ヶ谷4-9-7

電話　03(5411)6211(編集)
03(5411)6222(営業)
振替　00120-8-767643
印刷・製本所　株式会社 光邦

検印廃止

ISBN978-4-344-03572-0　C0095
幻冬舎ホームページアドレス　https://www.gentosha.co.jp/

この本に関するご意見・ご感想をメールでお寄せいただく場合は、
comment@gentosha.co.jpまで。